언어기관의 해부와 생리 워크북

| 고도흥 저 |

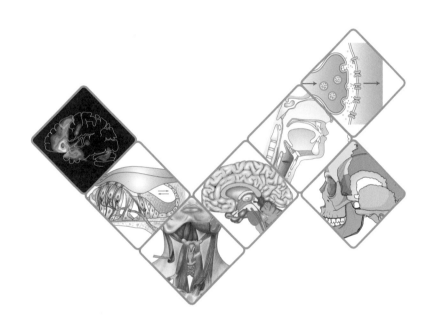

학지사

머리말

『언어기관의 해부와 생리』는 언어병리학(speech pathology)이나 청각학(audiology)을 전공하는 학생들이 첫해에 이수해야 하는 기본 필수교과목이다. 그럼에도 학생들은 시작하기 전부터 '해부학과 생리학'을 '가장 어려운 교과목'으로 분류한다. 물론 사용되는 의학용어를 비롯해 전문용어가 많이 등장하니 어려움을 호소하는 것이 어쩌면 당연하다.

미국의 경우, 많은 대학의 의사소통장애학과(department of communication sciences and disorders, CSD)에서는 의과대학과 연계하여 해부실습실(cadaver lab)을 운용하여 실습을 통해 해부학을 효율적으로 가르치고 있지만 우리나라의 현실은 책으로만 배워야 하니 안타까운 실정이다.

이번 개정판에서는 『언어기관의 해부와 생리(4판)』의 내용을 상당 부분 수정·보완하면서 분량이 늘어나 각 장의 말미에 두었던 '연습문제'를 모두 워크북으로 옮기게 되었다. 학생들은 스스로 문제를 풀어 가며 '언어치료사 국가자격시험'에 대비하길 바란다.

워크북에 대하여 단순하게 생각하고 시작하였으나 여러 차례 편집방향을 바꾸게 되었다. 편집은 매우 까다롭고, 사업적인 매력도 없는 이 책이 빛을 볼 수 있도록 배려해 주신 학지사 김진환 사장님과 현장에서 『언어기관의 해부와 생리(4판)』와 워크북을 동시에 편집하느라 여러 달 동안 고생하신 편집부 차형근 님 이하 편집진 여러분께 따뜻한 감사의 말씀을 드린다.

2023년 8월 필자

워크북을 이용하는 학생들에게

『언어기관의 해부와 생리(4판)』은 언어병리학 또는 청각학을 전공하는 학생들에게 매우 중요한 기본서이다. 여기서 다루는 많은 전문용어는 다른 학과목에서도 계속 반복되어 나오는 것은 물론 대학원 졸업 시까지, 더 나아가 언어치료사(SLP) 또는 청능치료사(Audiologist)라는 직업을 가지고 있는 동안에도 유용하다는 것을 알게 될 것이다.

이 과목을 처음 접하는 학생들이 어려워하는 이유는 "내용 자체가 너무 생소하여 이해하기 어렵고, 외워야 할 전문용어가 너무 많다."라는 것이다. 그러나 포기할 수 없는 상황이라면 어쩌겠나! 큰 틀에서 해부학적 지식은 외워야 하고, 생리학적 지식은 이해를 통해 학습토록 한다.

효과적인 학습방법을 위해 몇 가지 조언을 하고자 한다. ① 워크북의 문제를 풀기 전에 해당 chapter를 두 번 이상 정독하라. ② 단계별로 제시된 전문용어를 익숙해질 때까지 익히도록 하라. ③ 교재와 워크북의 그림에 나타난 명칭을 비교하며 익히도록 하라. 그렇지만 가장 확실한 방법은 하나밖에 없다. '암기하고 또 암기하라.' 1주 2회 30분 모임으로 몇 명씩 짝을 지어 서로 질의응답 (Q&A)하는 방법도 고려해 볼 만하다.

이 책에서는 의학용어를 보다 체계적으로 흥미롭게 익히는 방법으로 특정 단어의 어원 (etymology)을 이용하고자 하였다. 사실 의학용어의 상당 부분이 희랍어와 라틴어에서 유래하였기 때문이다. 예를 들어, 접미사(suffix) '-itis'는 라틴어에서 '염증(inflammation)'이라는 의미를 나타낸다. bronchitis(기관지염), tonsillitis(편도염), hepatitis(간염), gastritis(위염), enteritis(장염), gastroenteritis(위장염), arthritis(관절염), cystitis(방광염), neuritis(신경염), adenitis(선염), laryngitis(후두염), pharyngitis(인두염), dermatitis(피부염) 등으로 사용된다.

필자는 워크북으로 하여금 학생 스스로 문제해결 능력을 키우는 데 도움을 주고자 하였다. 그리하여 자기도 모르는 사이에 해부학(anatomy)과 생리학(physiology)에 흥미가 생기기 바란다. 필자의 입장에서 가장 바람직한 것은 교재와 워크북이 서로 보완이 되어 상승효과(synergy effect)를 기대하는 것이다. 이 워크북이 어려운 해부학과 생리학을 이해하는 데 조금이라도 도움이 될 수 있다면 큰 기쁨이 되겠다.

차례

제1장 해부 및 생리학의 기초

제2장　호흡의 해부와 생리

제3장　발성과 조음의 해부와 생리

제4장 **신경의 구조와 기능**

제5장 **뇌와 언어**

제6장 삼킴의 해부와 생리

제7장 청각기관의 해부와 생리

제**1**장

해부 및 생리학의 기초

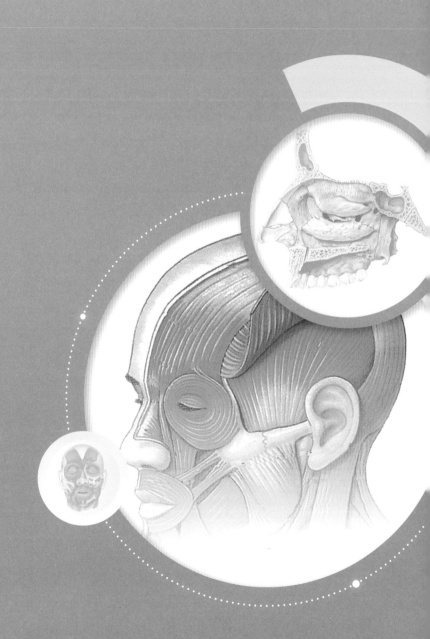

01 주요 용어 익히기

1. 다음 용어를 국문으로 바꾸시오.

① zygomatic bone _____   ② sternocleidomastoid muscle _____

③ buccinator _____   ④ sphenoid bone _____

⑤ notch _____   ⑥ thorax _____

⑦ xiphoid process _____   ⑧ lacrimal bone _____

⑨ styloid process _____   ⑩ glossus muscle _____

⑪ fossa _____   ⑫ sinus _____

⑬ mastoid process _____   ⑭ lumbar vertebrae _____

⑮ antagonistic muscle _____   ⑯ scapula _____

⑰ synergistic muscle _____   ⑱ sternohyoid muscle _____

⑲ risorius muscle _____   ⑳ involuntary muscle _____

2. 다음 용어를 영문으로 바꾸시오.

① 항상성 _____   ② 설골 _____

③ 흉골 _____   ④ 골반 _____

⑤ 비골 _____   ⑥ 상악 _____

⑦ 연골 _____   ⑧ 인대 _____

⑨ 측두근 _____   ⑩ 두개골 _____

⑪ 평활근 _____   ⑫ 안면근 _____

[1-1]은 인체의 절단면을 가리킨다. 번호에 알맞은 명칭을 쓰시오.

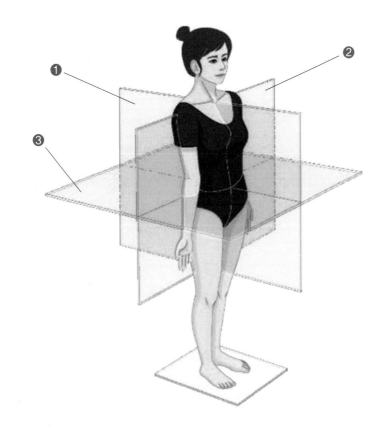

❶ _____   ❷ _____

❸ _____

어원으로 익히는 전문용어

어근 cardi-는 '심장(heart)'을 의미한다. 접미사 -ology는 '학문'을 의미한다. 따라서 cardiology는 '심장학'를 의미한다.
여기서 -o-는 '결합형 모음'이다. 결합형 모음은 접미사의 첫 글자가 모음으로 시작할 경우에만 쓰인다.
유사한 예) cardiometer(어근 cardi + 어근 meter) = 심장계

참고

어근(root): 단어의 실질적 의미를 나타내는 중심 부분   접두사(prefix): 어근의 앞에 붙어 새로운 단어를 형성

접미사(suffix): 어근의 뒤에 붙어 새로운 단어를 형성   결합형 모음: 어근과 접사, 또는 어근과 어근을 연결

[1–2]는 복강과 흉강의 장기를 보여 준다. 번호에 알맞은 명칭을 쓰시오.

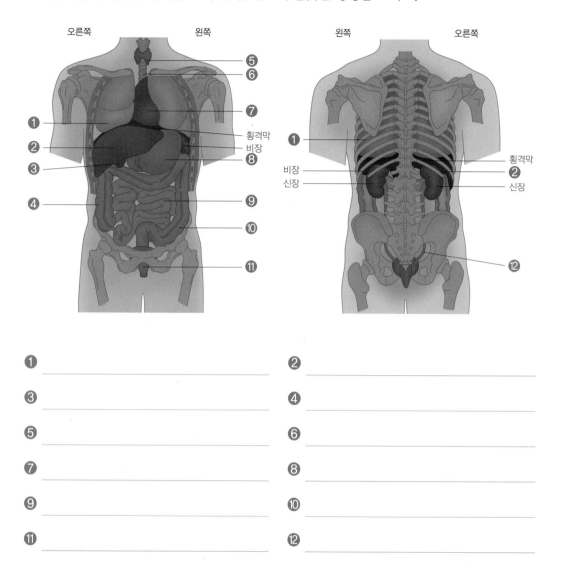

오른쪽   왼쪽   왼쪽   오른쪽

횡격막 · 비장 (왼쪽 그림)

비장 · 신장 / 횡격막 · 신장 (오른쪽 그림)

❶ _____ ❷ _____

❸ _____ ❹ _____

❺ _____ ❻ _____

❼ _____ ❽ _____

❾ _____ ❿ _____

⓫ _____ ⓬ _____

어원으로 익히는 전문용어

어근 hepat–는 '간(liver)'을, 접미사 –itis는 '염증(inflammation)'을 의미한다. 따라서 hepatitis는 '간염'을 의미한다.
유사한 예) hepatocyte(어근 hepat– + 결합형 모음(o) + cyte '세포(cell)' = 간세포

어근 electr–는 '전기(electricity)'를, 어근 cardi–는 '심장(heart)'을, 결합형 모음(o), 접미사 –gram은 '기록(record)'을 의미한다. 따라서 electrocardiogram은 '심전도'를 의미한다.
유사한 예) electroacoustic wave(어근 electr + o + acoustic '음향' + wave '파') = 전기음향파

[1–3]은 인체의 앞에서 본 골격(skeleton)을 보여 준다. 번호에 알맞은 명칭을 쓰시오.

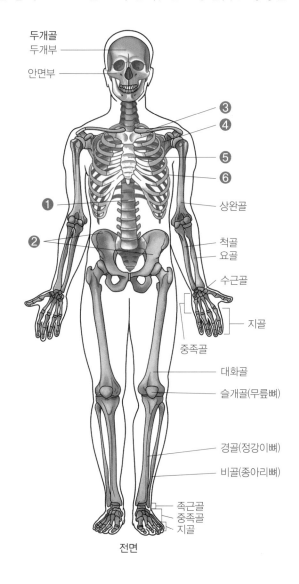

전면

❶ _____   **❷** _____

❸ _____   **❹** _____

❺ _____   **❻** _____

[1–4]는 앞에서 본 두개골(cranial bone)을 보여 주고 있다. 번호에 알맞은 명칭을 쓰시오.

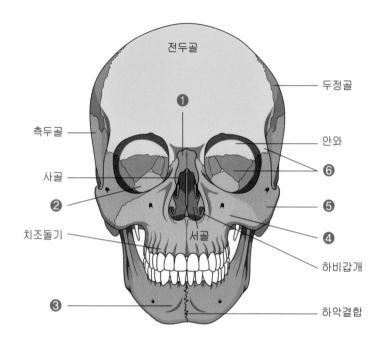

전두골

두정골

측두골

안와

사골

⑥

②

⑤

치조돌기

④

서골

하비갑개

③

하악결합

① _____   ② _____

③ _____   ④ _____

⑤ _____   ⑥ _____

포비아 관련 용어정리

–phobia '공포(panic)' 또는 '두려움(fear)' 또는 '불안(anxiety)'을 의미하는 그리스어 어원의 'phobo'에서 유래하였다.

agoraphobia 광장공포증

acrophobia 고소공포증

anthrophobia 대인공포증, 대인기피증

thanatophobia 죽음공포증

numberphobia 숫자공포증

[서양문화권] 숫자 13, [한자문화권] 숫자 4

thalassophobia 심해공포증

phasmophobia 귀신공포증

scoptophobia 시선공포증

claustphobia 폐쇄공포증, 밀폐공포증

cf. 비행공포증 aerophobia

entomophobia 곤충공포증

cf. 사체공포증 necrophobia

xenophobia 외국인 혐오증(어근 xenos– '낯선 사람)

= arithmophobia 숫자공포증

nyctophobia 어둠공포증, 암흑공포증

erythrophobia 적색공포증

trypanophobia 모서리공포증, 선단공포증

[1-5]는 측면에서 본 두개골(cranial bone)을 보여 주고 있다. 번호에 알맞은 명칭을 쓰시오.

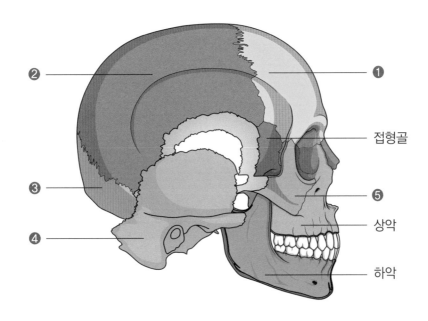

접형골

상악

하악

❶ _____   ❷ _____

❸ _____   ❹ _____

❺ _____

어원으로 익히는 전문용어

어근 cerebell은 '소뇌'를, (라틴어) 접미사 −um은 '중성형'을 의미한다. 따라서 cerebellum은 '소뇌'를 의미한다.
유사한 예) cerebellar cortex(어근 cerebell '소뇌' + 형용사형 접미사 −ar, cortex '피질') = 소뇌피질

어근 neur는 '신경'을, 접미사 −algia는 '통증'을 의미한다. 따라서 neuralgia는 '신경통'을 의미한다.
유사한 예) cephalalgia(어근 cephal '뇌' + 접미사 −algia '통증') = 두통(headache)

접두사 hypo−는 '과소의'를, 어근 oxi−는 '산소'를, 접미사 −ia는 '증세'를 의미한다. 따라서 hypoxia는 '저산소증'을 의미한다.
유사한 예) oximeter(어근 oxi− + 어근 meter '측정기') = 산소계기

[1-6]은 두개골의 봉합(sutures)을 보여 주고 있다. (a)는 위에서 본 두개골이고 (b)는 옆에서 본
두개골이다. (a)와 (b)에서 번호에 알맞은 명칭을 쓰시오.

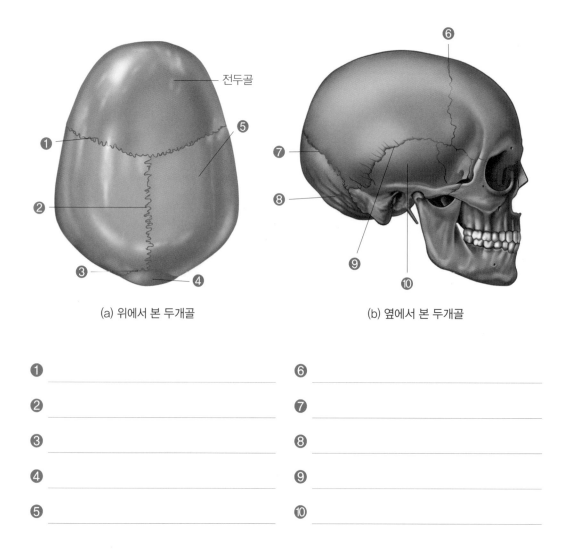

(a) 위에서 본 두개골   (b) 옆에서 본 두개골

❶ _____   ❻ _____

❷ _____   ❼ _____

❸ _____   ❽ _____

❹ _____   ❾ _____

❺ _____   ❿ _____

어원으로 익히는 전문용어

어근 hemat-는 '혈액(blood)'를, 접미사 -ology는 '학문(study of)'을 의미한다. 따라서 hematology는 '혈액학
(hematology)'를 의미한다. 여기서 -o-는 '결합형 모음'이다.

유사한 예) hematopoiesis(어근 hemat-는 '혈액' + 결합형 모음(o) + 어근 -poiesis '생성') = 조혈작용

[1~7]은 앞에서 본 접형골(sphenoid bone)의 구조를 보여 주고 있다. 번호에 알맞은 명칭을 쓰시오.

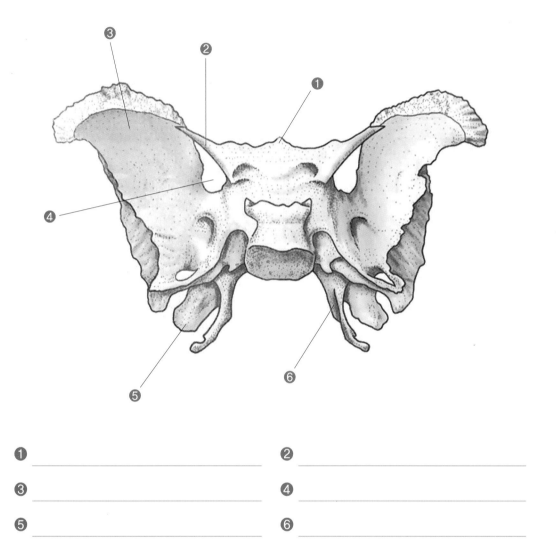

❶ _____ ❷ _____

❸ _____ ❹ _____

❺ _____ ❻ _____

어원으로 익히는 전문용어

어근 hallucin(o)–는 '환각'을, 접미사 –tory는 '~의'를, 어근 psychosis은 '정신병'을 의미한다. 따라서 hallucinatory psychosis는 '환각성 정신병'을 의미한다.

유사한 예) auditory hallucination(접두사 auditory + 어근 hallucin '환각' + 접미사 –ation) = 환청

[1–8]은 옆에서 본 하악골(mandible)을 보여 주고 있다. 번호에 알맞은 명칭을 쓰시오.

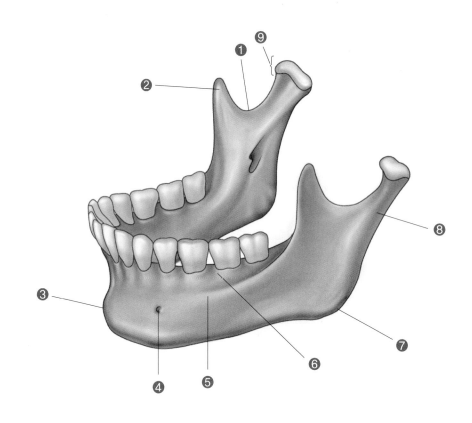

❶ _____   ❷ _____

❸ _____   ❹ _____

❺ _____   ❻ _____

❼ _____   ❽ _____

❾ _____

[1-9]는 늑골(ribs)의 구조를 보여 주고 있다. 번호에 알맞은 명칭을 쓰시오.

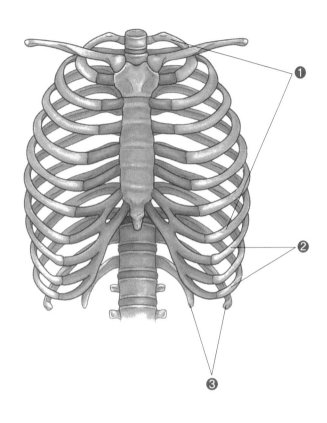

❶ ＿＿＿＿＿＿＿＿＿＿＿＿＿＿＿＿　　❷ ＿＿＿＿＿＿＿＿＿＿＿＿＿＿＿＿

❸ ＿＿＿＿＿＿＿＿＿＿＿＿＿＿＿＿

어원으로 익히는 전문용어

접두사 intra—는 '～내에' 또는 '～안에'를 어근 oral pressure는 '구강압력'을 의미한다. 따라서 intraoral pressure는 '구강내압'을 의미한다.

유사한 예) intraspeaker variability(접두사 intra- + 어근 speaker variability) = 동일화자간 변이

접두사 eu—는 'good'을, 어근 –phoria는 feeling'을 의미한다. 따라서 euphoria는 '행복감' 또는 '희열'을 의미한다.

유사한 예) dysphoria(부정의 접두사 dys- + 어근 –phoria) = 불쾌감

[1-10]은 흉골(sternum)의 구조를 보여 주고 있다. 번호에 알맞은 명칭을 쓰시오.

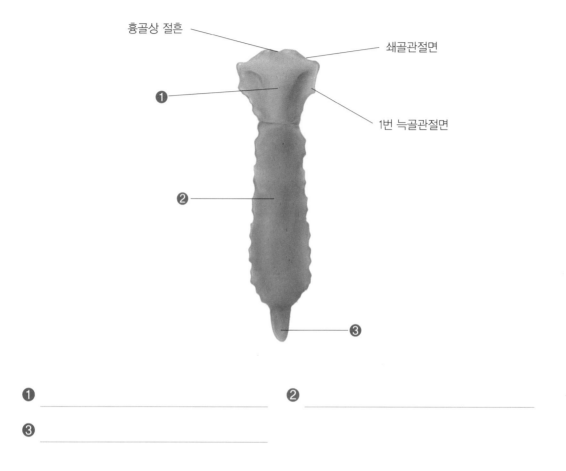

❶ _____   ❷ _____

❸ _____

어원으로 익히는 전문용어

접두사 neur-는 '신경(nerve)'을, 어근 cognition은 '인지'를 의미한다. 따라서 neurocognition은 '신경인지'를 의미한다.
유사한 예) neurolinguist(접두사 neuro- + 어근 linguist) = 신경언어학자

어근 schiz(o)-는 '갈라짐' 또는 '분열'을, 어근 -phren-은 '정신'을, 접미사 -ia는 '증세'를 의미한다. 따라서 schizophrenia는 '조현병'을 의미한다.
유사한 예) schizophrenic(어근 schiz- + 결합형 모음(o) + 어근 phren '정신' + -ic '사람') = 조현병환자

[1-11]은 척추(vertebrae)의 구조를 보여 주고 있다. 번호에 알맞은 명칭을 쓰시오.

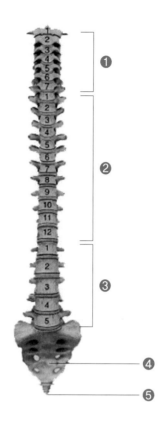

❶ _____　❷ _____

❸ _____　❹ _____

❺ _____

어원으로 익히는 전문용어

접두사 inferior는 '아래'를, 어근 limb은 '다리(leg)'를 의미한다. 따라서 inferior limb은 '하지'를 의미한다.

유사한 예) inferior cornu(접두사 inferior- + 어근 cornu 각) = 하각

어근 hypn(o)-는 '잠(sleep)' 또는 '수면'을, 접미사 -sis는 '상태' 또는 '조건'을 의미한다. 따라서 hypnosis는 '최면'을 의미한다.

유사한 예) hypnology(어근 hypn- + ology 'study of') = 최면술

[1–12]는 인체의 근육 전면을 보여 주고 있다. 번호에 알맞은 명칭을 쓰시오.

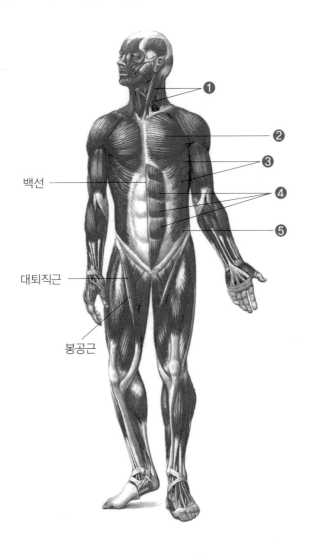

백선

대퇴직근

봉공근

❶ _____

❷ _____

❸ _____

❹ _____

❺ _____

[1–13]은 인체의 근육 후면을 보여 주고 있다. 번호에 알맞은 명칭을 쓰시오.

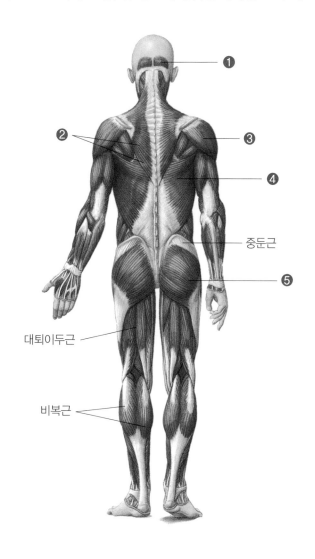

중둔근

대퇴이두근

비복근

❶ _____ ❷ _____

❸ _____ ❹ _____

❺ _____

[1-14]는 앞에서 본 표정근(muscles of facial expression)을 보여 주고 있다. 번호에 알맞은 명칭을 쓰시오.

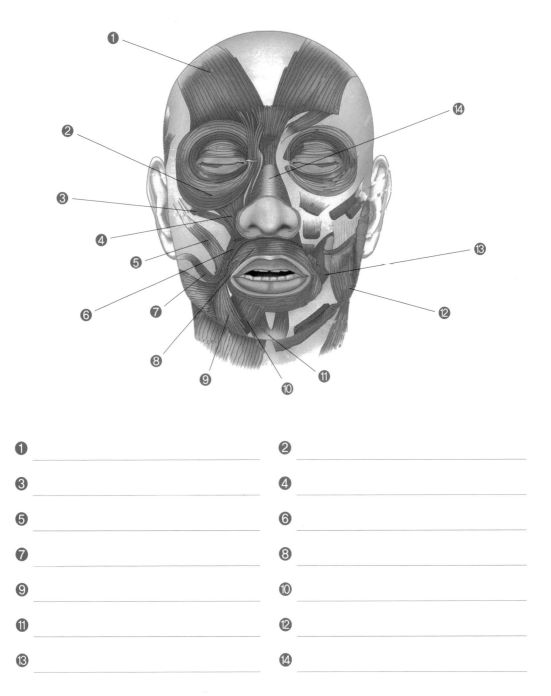

❶ _____   ❷ _____

❸ _____   ❹ _____

❺ _____   ❻ _____

❼ _____   ❽ _____

❾ _____   ❿ _____

⓫ _____   ⓬ _____

⓭ _____   ⓮ _____

[1-15]는 옆에서 본 표정근(muscles of facial expression)을 보여 주고 있다. 번호에 알맞은 명칭을 쓰시오.

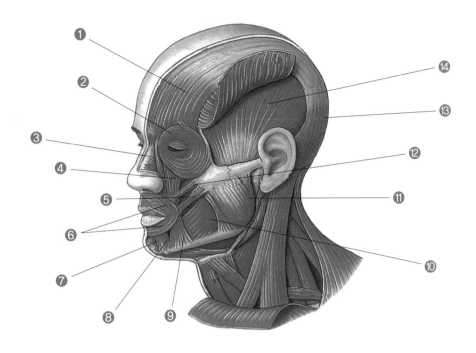

❶ _____ ❷ _____

❸ _____ ❹ _____

❺ _____ ❻ _____

❼ _____ ❽ _____

❾ _____ ❿ _____

⓫ _____ ⓬ _____

⓭ _____ ⓮ _____

[1~16]은 인두(pharynx)의 근육구조를 보여 주고 있다. 번호에 알맞은 명칭을 구분하시오.

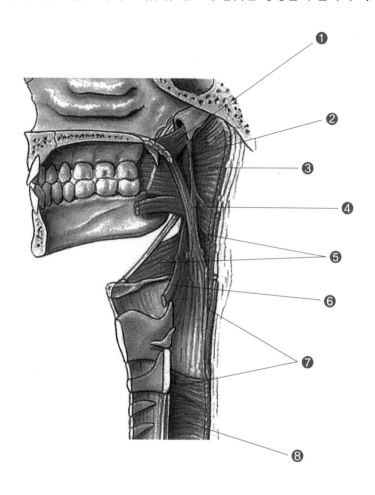

❶ _____   ❷ _____

❸ _____   ❹ _____

❺ _____   ❻ _____

❼ _____   ❽ _____

어원으로 익히는 전문용어

어근 cardi―는 '심장'을, 연결형 모음 ―o―, 어근 vascul―는 '혈관'을, 형용사형 접미사 ―ar + 어근 disorder는 '장애'를
의미한다. 따라서 cardiovascular disorder는 '심혈관장애'를 의미한다.
유사한 예) vascular disease(어근 vascul + 접미사 ―ar, disease '질환') = 혈관성 질환

[1–17]은 아래에서 본 설골상근(suprahyoid m.)이다. 번호에 알맞은 명칭을 쓰시오.

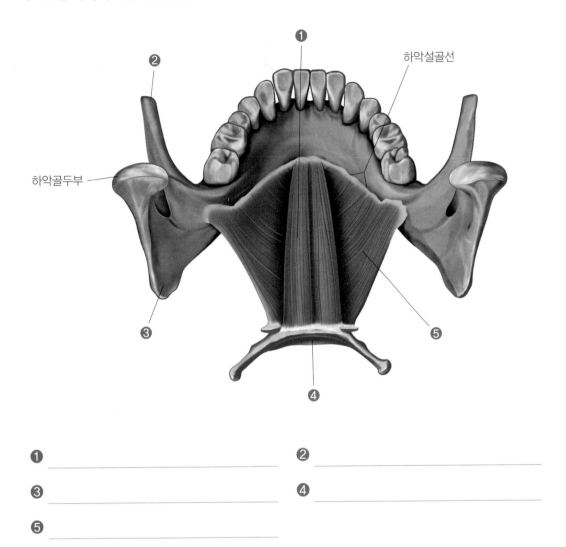

❶ _____ ❷ _____

❸ _____ ❹ _____

❺ _____

어원으로 익히는 전문용어

접두사 superior는 '위'를, 어근 laryngeal nerve는 '후두신경'을 의미한다. 따라서 superior laryngeal nerve는 '상후두신경'을 의미한다.

유사한 예) superior nasal concha(접두사 superior + 어근 nasal concha) = 상비갑개

어근 klept(o)–는 '도둑질'을, 접미사 –mania는 '광기'를 의미한다. 따라서 kleptomania는 '병적 도벽'을 의미한다.

유사한 예) 어근 pyro– '불(fire)' + 접미사 –mania) = 병적 방화

[1–18]은 정면에서 본 목의 근육구조이다. 번호에 알맞은 명칭을 구별하시오.

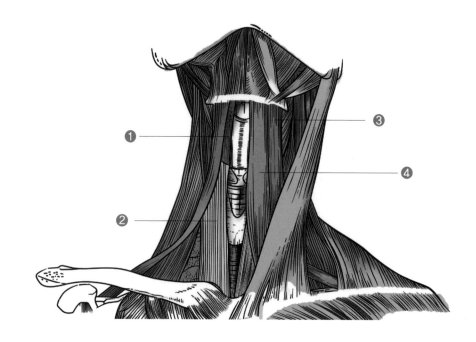

❶ _____   ❷ _____

❸ _____   ❹ _____

자주 쓰이는 학문명칭

해부학 anatomy	생리학 physiology	후두학 laryngology
신경학 neurology	이과학 otology	비뇨기과학 urology
심장학 cardiology	조직학 histology	생화학 biochemistry
정신과학 psychiatry	생물학 biology	내분비학 endocrinology
비과학 rhinology	세포학 cytology	위장병학 gastroenterology
형태학 morphology	근육학 myology	피부과학 dermatology
골학 osteology	병리학 pathology	임상병리학 clinical pathology
순환기학 cardiology	독물학 toxicology	산부인과학 obstetrics and gynecology
방사선학 radiology	혈액학 hematology	소아과학 pediatrics
재활의학 rehabilitation medicine	종양학 oncology	영상의학 radiology
생태학 ecology		

연습문제 Ⅰ

1. 인체를 좌우 대칭으로 나누는 면은?
① 수평면   ② 시상면   ③ 전두면
④ 관상면   ⑤ 정중시상면

2. 다음 용어 가운데 서로 반대되는 용어끼리 연결되지 않은 것은?

> 가. 정중시상면-정중면   나. 표층-심층
> 다. 내측-전측   라. 미부-두부

① 가, 라   ② 가, 나, 다   ③ 가, 나
④ 가, 다   ⑤ 나, 다, 라

3. 다음 명칭 중 용어의 설명이 옳은 것은?

> 가. 능-선상으로 길게 뻗은 융기부
> 나. 돌기-거칠게 넓은 부위
> 다. 와-두 선이 만나는 모서리
> 라. 열-갈라져 생긴 틈새

① 가, 다, 라   ② 가, 라   ③ 나, 다
④ 라   ⑤ 나, 다, 라

4. 뼈의 외부 명칭 중 융기부가 아닌 것은?
① 과   ② 극   ③ 절흔
④ 융기   ⑤ 능

5. 설골상근(suprahyoid m.)에 속하지 않는 것은?
① 악이복근   ② 하악설골근   ③ 갑상설골근
④ 경상설골근   ⑤ 턱끝설골근

▌설골상근: 악이복근, 경상설골근, 하악설골근, 턱끝설골근
설골하근: 흉골설골근, 견갑설골근, 흉골갑상근, 갑상설골근

6. 정상 성인 골격은 몇 개의 뼈로 구성되어 있는가?
① 106개   ② 206개   ③ 256개
④ 262개   ⑤ 306개

▌성인의 뼈는 두개골 23개, 이소골 6개, 척추 26개, 늑골 24개, 흉골 1개, 상지골 64개, 하지골 62개, 총 206개이다.

7. 인체의 4대 조직에서 혈액이 속하는 조직은?
① 상피조직   ② 신경조직   ③ 결합조직
④ 지방조직   ⑤ 근육조직

▌혈액과 뼈는 특수 결합조직이다.

8. 안면두개골에 속하지 않는 것은?
① 비골   ② 접형골   ③ 구개골
④ 서골   ⑤ 상악골

9. 쌍으로 구성되지 않은 뼈는?
① 두정골   ② 비골   ③ 하악골
④ 측두골   ⑤ 누골

10. 쌍으로 구성되어 있는 뼈는?
① 접형골   ② 상악골   ③ 서골
④ 사골   ⑤ 설골

▌단일뼈: 후두골, 접형골, 전두골, 사골, 서골, 하악골, 설골
2개뼈: 측두골, 두정골, 누골, 비골, 권골, 갑개골, 구개골, 상악골

11. 세포 내 유전정보를 함유한 유전인자의 주요 구성성분은?
① RNA   ② 중심체   ③ DNA
④ 리보솜   ⑤ 인

12. 골격의 기능을 설명한 것이다. 옳은 것으로만 조합된 것은?

> 가. 지지작용   나. 보호작용
> 다. 조혈작용   라. 무기질의 저장

① 가, 다, 라   ② 가, 라   ③ 나, 다
④ 라   ⑤ 가, 나, 다, 라

▌뼈는 체중의 약 15%를 차지하는 구조물로 지지작용, 장기보호, 조혈작용, 무기질 저장, 지렛대 역할 등의 기능을 한다.

13. 다음 중 저작근은?
① 전두근   ② 협근   ③ 측두근
④ 눈둘레근   ⑤ 비근

▌저작근(masticatory muscle): 교근, 측두근, 내측익돌근, 외측익돌근

14. 관상봉합(sutura coronalis)을 형성하는 뼈로 올바르게 짝지어진 것은?
① 전두골-두정골   ② 두정골-후두골
③ 두정골-측두골   ④ 전두골-측두골
⑤ 측두골-후두골

15. 인체에서 측정되는 혈압의 발생 부위로 올바른 것은?

① 우심방   ② 좌심방   ③ 우심실

④ 좌심실   ⑤ 우심이

16. 평활근(smooth m.)의 설명으로 옳은 것은?

① 뇌신경   ② 중추신경   ③ 자율신경

④ 말초신경   ⑤ 수의근

17. 정상 성인의 척추를 형성하는 추골의 개수는?

① 20개   ② 22개   ③ 24개

④ 26개   ⑤ 28개

▌추골은 진추골(경추, 흉추, 요추)과 가추골(천골, 미골)로 이루어져 있으며 성인의 척추길이는 71~75cm이다.

18. 인체의 근육은 체중의 몇 %인가?

① 10~20%   ② 20~30%   ③ 30~40%

④ 40~50%   ⑤ 50~70%

▌참고로 골격은 체중의 15%이며 혈액은 체중의 8%이다.

19. 인체의 골격은 체중의 몇 %인가?

① 10%   ② 15%   ③ 20%

④ 25%   ⑤ 30%

20. 근육과 뼈를 연결시켜 주는 것은?

① 연골(cartilage)   ② 골막(periosteum)

③ 활막(synovial membrane)   ④ 인대(ligament)

⑤ 힘줄(tendon)

▌건(tendon)은 질긴 교원섬유가 다발(bundle)을 형성하고 있다.

21. 뼈와 뼈, 기관과 기관을 연결시켜 주는 것은?

① 연골   ② 인대   ③ 골막

④ 힘줄   ⑤ 활막

▌인대(ligament)는 힘줄과 비슷하나 섬유의 배열이 불규칙하고 뼈와 뼈, 기관과 기관을 연결한다.

22. 심장의 조절중추로 올바른 것은?

① 시상상부   ② 중뇌   ③ 소뇌

④ 연수   ⑤ 대뇌

▌연수는 생명의 중추로 심장, 호흡 등의 중추이다. 심장은 부교감성의 미주신경으로 지배되며, 미주신경이 차단되면 심장의 기능은 촉진된다.

23. 인체를 구성하는 뼈 중 다른 뼈와 관절을 형성하지 않는 뼈는?

① 설골   ② 구개골   ③ 사골

④ 누골   ⑤ 서골

24. 평활근(smooth muscle)으로 구성된 것은?

① 혀-간   ② 간-혈관

③ 횡격막-혈관   ④ 혀-신장

⑤ 혈관-위장

▌혈관은 평활근, 횡격막으로, 혀는 골격근으로 되어 있다.

25. 인체를 구성하는 4대 기본조직에 속하지 않는 것은?

① 신경조직   ② 근육조직

③ 골격조직   ④ 결합조직

⑤ 상피조직

▌인체의 조직: epithelium tissue, connective tissue, muscle tissue, nerve tissue로 구성되어 있다.

26. 근대 해부학의 아버지는?

① Brodmann   ② Vogt

③ Vesalius   ④ Harvey

⑤ Kreb

▌독일의 해부학자 Korbinian Brodmann(1868~1918)은 대뇌피질을 신경학적 기능에 따라 47개 영역으로 구분하였으며 독일의 신경과 의사인 Oskar Vogt(1870~1959)는 Vogt's syndrome을 발견하였다. 벨기에 태생의 Andreas Vesalius(1514~1564)는 근대 해부학의 아버지로, 영국의 William Harvey(1578~1657)는 근대 생리학의 아버지로 의학사에 큰 공헌을 하였다.

27. 다음 중 신체 우측에 치우쳐 있는 기관은?

① liver   ② stomach

③ heart   ④ spleen

⑤ esophagus

▌간(liver)과 담낭(gallbladder)은 신체의 우측에 치우쳐 있고, 심장(heart), 위(stomach), 비장(spleen) 및 췌장(pancreas)은 신체의 좌측에 위치한다.

28. 인체를 구성하는 원소 가운데 비율이 가장 낮은 것은?

① H   ② C   ③ P

④ O   ⑤ N

▌탄소, 수소, 산소, 질소의 4가지 원소가 약 99%를 차지하고, P는 1% 이내이다.

29. 심장 내부의 구분으로 올바른 것은?

① 1심방 1심실   ② 1심방 2심실

③ 2심방 1심실   ④ 2심방 2심실

⑤ 2심방 3심실

▌인간의 심장은 우심방, 우심실, 좌심방, 좌심실로 구분한다.

30. 성인의 척주(vertebral column)는 몇 개의 뼈로 구성되어 있는가?

① 23개   ② 24개   ③ 25개

④ 26개   ⑤ 27개

▌신생아는 32~35개로 구성되어 있다. 그러나 성인은 천추와 미추들이 유합되기 때문에 총 26개가 된다.

31. 혈관 운동중추는 어디에 있는가?

① 연수   ② 척수

③ 소뇌   ④ 중뇌

⑤ 시상하부

32. 외부 환경의 변화에 대하여 개체 스스로 체온, 수분, 삼투압, pH 등을 일정하게 조절하는 기전은?

① 순응성   ② 항상성

③ 적응성   ④ 유기적 체계

⑤ 번식성

33. 항상성(homeostasis)이란 신체 내의 환경이 어떤 상태가 되는 것을 말하는가?

① 항상 똑같은 상태

② 외부 환경에 따라 일률적으로 변하는 상태

③ 외부 환경의 변화에도 비교적 일정한 상태

④ 변화 자체가 없는 상태

⑤ 외부 환경의 변화에 정비례하는 상태

34. 복측(ventral)과 같은 뜻으로 쓸 수 있는 용어는?

① 두측(cranial)   ② 미측(caudal)

③ 외측(lateral)   ④ 전측(anterior)

⑤ 내측(medial)

35. 검상돌기(xiphoid process)를 볼 수 있는 뼈는?

① 상완골(humerus)

② 천골(sacrum)

③ 흉골(sternum)

④ 견갑골(scapula)

⑤ 축추(axis)

▌검상돌기는 일명 명치 부위를 가리키며 횡격막이 기시하는 곳이다.

36. 정상 성인의 혈액량은?

① 체중의 1/13   ② 체중의 1/3

③ 체중의 1/5   ④ 체중의 1/4

⑤ 체중의 1/6

▌성인(60kg)의 혈액량은 약 5리터로 체중의 8~9%를 차지한다.

37. 혈액의 일반적 기능이라고 할 수 없는 것은?

① 호흡작용   ② 조절작용   ③ 영양작용

④ 운동작용   ⑤ 보호작용

▌혈액의 기능으로는, (1) 체내의 O_2 및 CO_2의 운반, (2) 호르몬, 산 염기의 평형, 수분 및 체온의 조절, (3) 영양소의 운반, (4) 대사 및 노폐물 배설, (5) 백혈구에 의한 방어, 혈액응고 등을 들 수 있다.

38. 성인의 정상혈압은?

① 80/100mmHg

② 80/120mmHg

③ 100/120mmHg

④ 120/80mmHg

⑤ 100/80mmHg

▌정상 성인의 최고(수축기) 혈압은 120mmHg이고, 최저(이완기) 혈압은 80mmHg이다.

39. 다음 중 인체에서 가장 큰 장기는?

① heart   ② liver

③ spleen   ④ kidney

⑤ pancreas

▌간: 1.5kg 폐(한쪽): 700g 심장: 300g 비장: 170g 췌장: 70g

40. 신체의 횡단면상 배꼽(umbo)은 척추골의 어떤 위치인가?

① C3   ② C4   ③ L4

④ T9   ⑤ L1

▌설골: 제3경추(C3)

갑상연골 중앙: 제4~5경추(C4~C5)

흉골체와 검상돌기 결합부: 제9흉추(T9)

배꼽(제): 제4요추(L4)

41. 다음 중 불수의근(involuntary m.)은?

① 늑간근   ② 눈둘레근

③ 입둘레근   ④ 모양체근

⑤ 삼각근

▌시각기를 이루는 모양체 속에는 수정체의 굴절에 관여하는 모양체근이 있는데, 이는 자율신경의 지배를 받고 있다.

42. 흉강(thoracic cavity) 속에서 볼 수 있는 장기는?

① stomach   ② spleen

③ kidney   ④ heart

⑤ adrenal gland

▌흉강 속에서 볼 수 있는 장기는 심장, 폐, 기관, 식도, 흉선 등이다.

43. 복강(abdominal cavity) 속에서 볼 수 있는 장기는?

① 신장(kidney)
② 난소(ovary)
③ 전립선(prostate gland)
④ 방광(urinary bladder)
⑤ 자궁(uterus)

▌비뇨생식기의 대부분은 골반강 속에 있으나 신장은 복강 내 장기이다.

44. 쌍으로 있는 장기들을 모두 고른 것은?

① 가, 나, 다   ② 가, 다
③ 나, 라   ④ 라
⑤ 가, 나, 다, 라

▌췌장은 무게 약 70g의 내외분비 장기로 십이지장에 연결되어 있고, 비장은 무게 약 170g의 림프 장기로 좌상복부에 위치하는데, 이들은 각각 1개씩이다. 부신은 좌우측 신장 위에 얹혀 있는 내분비기관이다.

45. 관절의 운동 중 사지가 인체의 중앙선에서 멀어지는 운동은?

① 굴곡   ② 상승
③ 내전   ④ 외전
⑤ 근위

46. 가스, 영양분 및 노폐물을 운반하는 계통은?

① 근육계   ② 호흡기계
③ 순환기계   ④ 비뇨기계
⑤ 골격계

▌순환기계는 혈관계와 림프계로 구성되며, 가스와 영양분, 호르몬, 노폐물 등을 운반한다.

47. 인체의 5대 체강(body cavity)에 해당하지 않는 것은?

① 두개강   ② 복강
③ 척추강   ④ 흉강
⑤ 비강

▌인체에는 두개강, 척추, 흉강, 골반강이라는 5대 체강이 있는데, 이곳에는 체액(body fluid)과 내장(viscera)이라 총칭되는 여러 기관이 들어 있다.

48. 배측체강에 속하는 것은?

① 가, 나, 다   ② 가, 다
③ 라   ④ 나, 라
⑤ 가, 나, 다, 라

▌배측체강(dorsal cavity)은 두개강과 척추강, 복측체강(ventral cavity)은 흉강, 복강, 골반강을 일컫는다.

49. 흉막강(pleural cavity)과 심막강(pericardial cavity)으로 구분되는 체강은?

① 흉강   ② 두개강   ③ 복강
④ 척추강   ⑤ 골반강

▌흉강(thoracic cavity)은 흉막강과 심막강으로 구분될 수 있는데, 흉막강은 폐를 둘러싸고 있는 두 겹의 흉막 사이에 형성된 것이고, 심막강은 심장을 싸고 있는 두 겹의 심막 속에서 형성된 것이다.

50. 안면골 중 한 개의 뼈로 된 것은?

① 비골   ② 사골   ③ 구개골
④ 상악골   ⑤ 누골

▌쌍으로 된 안면두개골: 하비갑개골, 누골, 비골, 상악골, 구개골, 권골

51. 시상봉합(sagittal suture)이란 어느 뼈와 어느 뼈의 봉합인가?

① 전두골과 두정골
② 두정골과 두정골
③ 두정골과 후두골
④ 두정골과 측두골
⑤ 전두골과 측두골

▌봉합(suture)이란 두개골에서만 볼 수 있는 섬유성막에의 한 관절이며 운동성이 없다. 봉합에는 관상봉합(두정골과 전두골 사이), 인자봉합(두정골과 후두골 사이), 시상봉합(두정골과 두정골 사이) 그리고 인상봉합(두정골과 측두골 사이)이 있다.

52. 뼈에서 조혈기능이 있는 부분은?

① 연골막   ② 골막   ③ 골질
④ 골단   ⑤ 적골수

▌적골수(red bone marrow)는 조혈작용을 하는데, 성인이 되면 지방세포로 대치된 황골수(yellow bone marrow)로 변한다.

53. 턱을 앞으로 당기면서 여는 근육은?

① 교근   ② 측두근
③ 외측익돌근   ④ 내측익돌근
⑤ 구개근

▌턱을 닫는 데 기여하는 근육: masseter, temporal, medial pterygoid muscles

54. 인체의 4가지 기본조직에 해당되지 않는 것은?

① 결합조직   ② 근육조직
③ 상피조직   ④ 신경조직
⑤ 골조직

▌연골, 골, 혈액, 지방조직 등은 결합조직에 속한다.

55. 두개골(skull)은 설골 포함 시 몇 종 몇 개의 뼈로 구성되는가(이소골 제외)?

① 10종 20개   ② 10종 23개
③ 10종 25개   ④ 15종 23개
⑤ 15종 25개

56. 흉골(sternum)에서 직접 관절로 이어지는 늑골은 몇 쌍인가?

① 상위의 6쌍   ② 하위의 7쌍
③ 하위의 6쌍   ④ 상위의 7쌍
⑤ 하위의 12쌍

■ 늑골절흔(costal notch)과 관절하는 것을 진늑골(true ribs)이라 한다.

57. 12쌍의 늑골 중 가늑골은 몇 쌍인가?

① 4쌍   ② 5쌍   ③ 6쌍
④ 7쌍   ⑤ 8쌍

■ 늑골절흔과 관절을 하지 않는 것을 가늑골(false ribs)이라 하며, 가늑골 가운데 흉골과 관절하지 않는 것을 부유늑골(floating ribs)이라 한다.

58. 혈액은 어떤 조직인가?

① 상피조직   ② 신경조직   ③ 결합조직
④ 지방조직   ⑤ 시상하부

■ 혈액은 적혈구, 백혈구, 혈소판 등의 세포가 이루는 결합조직이다.

59. 뇌하수체가 있는 골은?

① 측두골   ② 접형골   ③ 협골
④ 요골   ⑤ 척골

60. 체간골격(axial skeleton)에 속하지 않는 뼈는?

① 두개골(skull)   ② 관골(hip bone)
③ 흉골(sternum)   ④ 늑골(ribs)
⑤ 척주(vertebral column)

61. 봉합(suture)이란 어디에서 볼 수 있는 관절형식인가?

① 늑골   ② 하지골   ③ 상지골
④ 두개골   ⑤ 이소골

■ 봉합(suture)이란 두개골에서 볼 수 있으며 결합면에 따라 직선봉합, 거상봉합, 인상봉합으로 구분한다.

62. 흉골체(body of sternum)와 검상돌기(xiphoid process)가 만나는 접합부의 위치는?

① 제5흉추(T5)   ② 제5흉추(T7)   ③ 제5흉추(T9)
④ 제5흉추(T11)   ⑤ 제3요추(L3)

63. 안면근(facial muscle)과 관계가 없는 것은?

① 전두근   ② 볼근
③ 측두근   ④ 눈둘레근
⑤ 비근

■ 머리의 근육은 안면근(m. of facial expression)과 저작근(m. of mastication)으로 나뉜다.
측두근(temporalis)은 측두골과 하악골을 연결시키는 부채꼴 모양의 저작근이다.

64. 흉곽(thorax)을 구성하는 뼈를 모두 고른 것은?

| 가. 흉골(sternum) | 나. 흉추(thoracic vertebra) |
| 다. 늑골(ribs) | 라. 견갑골(scapula) |

① 가, 나, 다   ② 가, 다
③ 나, 라   ④ 라
⑤ 가, 나, 다, 라

■ 쇄골과 견갑골은 흉곽형성에 직접적으로 관여하지 않는다.

65. 평활근 조직(smooth muscle tissue)으로 되어 있는 것이 아닌 것은?

① 폐   ② 간   ③ 혈관
④ 심장   ⑤ 위

■ 심장은 심장근 조직(cardiac muscle tissue)으로 되어 있다.

66. 인체의 구성, 기능, 유전상의 기본 단위는?

① 조직(tissue)   ② 세포(cell)
③ 기관(organ)   ④ 계통(system)
⑤ 뉴런(neuron)

67. 수정 후 몇 주까지 배아(embryo)라고 하는가?

① 1주   ② 2주   ③ 3주
④ 6주   ⑤ 8주

■ 배아기(embryonal period)는 임신 2개월까지를 말한다.

68. 태아기(fetal period)란 언제까지를 말하는가?

① 수정 후 7일까지
② 임신 1개월까지
③ 임신 2개월까지
④ 임신 3개월까지
⑤ 임신 3개월~출생 전까지

■ 태아기는 임신 3개월~출생 전까지를 말한다.

69. 신생아기(neonate)란 언제까지를 말하는가?

① 생후 1주   ② 생후 2주
③ 생후 4주   ④ 생후 8주
⑤ 생후 1년

70. 통상적으로 조산(premature)이란?

① 16주 이전의 출산
② 20주 이전의 출산
③ 28주 이전의 출산
④ 29~38주 이전의 출산
⑤ 38~40주 이전의 출산

▮ 정상 분만일은 280일, 임신 28주(7개월) 이전의 출산을 유산이라고 하며, 임신 29~38주 사이의 출산을 조산이라 한다.

71. 다음 중 정상적인 신생아의 신장(length)과 체중(weight)은?

① 20cm, 2kg
② 30cm, 3kg
③ 30cm, 5kg
④ 50cm, 3kg
⑤ 50cm, 5Kg

▮ 신생아의 신장은 50~55cm이고, 체중은 평균 3.3kg이다.

72. 여성의 사춘기는?

① 10±2세 ② 13±2세 ③ 15±2세
④ 16±2세 ⑤ 18±2세

▮ 여성의 사춘기는 13±2세이고, 남자의 사춘기는 15±2세이다.

73. 모체의 혈액과 태아의 혈액이 서로 물질 및 가스 교환을 이루는 곳은?

① 태반 ② 모체의 간
③ 태아 심장 ④ 태아의 간
⑤ 모체의 심장

▶ 모체의 자궁동맥과 태아의 제동맥은 ~의 융모간극에서 물질 및 가스교환을 이룬다. 그러나 모체와 태아의 혈액은 결코 직접 접할 수가 없다.

74. 뼈와 돌기의 연결이다. 옳지 않은 것은?

① 측두골(temporal)–치조돌기
② 접형골(sphenoid)–익상돌기
③ 하악골(mandible)–관절돌기
④ 흉골(sternum)–검상돌기
⑤ 견갑골(sternum)–오훼돌기

▮ 치조돌기는 제2경추에서 볼 수 있다.

75. 측두골과 후두골 사이에 형성되어 있는 구멍은?

① 경유돌공 ② 경정맥공 ③ 파열공
④ 절치공 ⑤ 정원공

▶ 측두골과 후두골 사이에 있는 구멍은 경정맥공이며, 이곳으로 설인신경, 미주신경, 부신경 등이 통과한다.

76. 부유늑골(floating ribs)은?

① 제1~7늑골
② 제1~8늑골
③ 제1~10늑골
④ 제8~12늑골
⑤ 제11~12늑골

▮ 직접 흉골에 접하지 않는 제8~12늑골을 가늑골(false ribs)이라고 하며, 그중 제11~12늑골은 아래 끝이 복벽근 속에 떠 있기 때문에 부유늑골이라 한다.

77. 성인의 척추만곡은 몇 개인가?

① 1개 ② 2개 ③ 3개
④ 4개 ⑤ 5개

▮ 성인은 경부, 흉부, 요부, 천부 등 총 4개의 척추만곡이 있고, 신생아는 흉부만곡과 천부만곡 등 2개만 있다.

78. 흉곽(thorax)은 몇 개의 뼈로 구성되어 있는가?

① 5개 ② 7개 ③ 12개
④ 25개 ⑤ 37개

▮ 흉골 1, 늑골 24개, 흉추 12개로 총 37개이다.

79. 모든 계통(system)이 질서정연하게 배치되어 만들어진 (　　)은(는) 전체적으로 조화되고 통일된 형태와 기능을 수행한다. (　　) 안에 알맞은 말은?

① 유기체 ② 조직 ③ 기관
④ 계통 ⑤ 세포

▮ 세포(cell) → 조직(tissue) → 기관(organ) → 계통(system) → 유기체(organism)

80. 제1경추와 관절하는 두개골은?

① temporal ② occipital ③ sphenoid
④ parietal ⑤ maxilla

※설명에 알맞은 용어를 왼쪽의 빈칸에 쓰시오.

① ＿＿＿＿＿＿＿＿＿： 체온, 혈압, 맥박 등과 같은 내적 환경이 일정한 상태로 유지되는 현상

② ＿＿＿＿＿＿＿＿＿： 인체 내의 빈 공간으로 소리를 울리는 데 기여

③ ＿＿＿＿＿＿＿＿＿： 인체를 구성하는 뼈 중 다른 뼈와 관절을 형성하지 않는 뼈

④ ＿＿＿＿＿＿＿＿＿： 근육과 뼈를 연결시켜 주는 것

⑤ ＿＿＿＿＿＿＿＿＿： 뼈와 뼈 또는 기관과 기관을 연결시켜 주는 것

⑥ ＿＿＿＿＿＿＿＿＿： 빈 곳이나 움푹 파인 곳

⑦ ＿＿＿＿＿＿＿＿＿： 제1경추(C1)와 관절하는 두개골

⑧ ＿＿＿＿＿＿＿＿＿： 내장기관의 운동을 통제하는 근육

⑨ ＿＿＿＿＿＿＿＿＿： 폐와 폐 사이의 공간

⑩ ＿＿＿＿＿＿＿＿＿： 정중면에 평행이 되는 모든 면으로 신체를 좌우로 나누는 면

⑪ ＿＿＿＿＿＿＿＿＿： 인체를 앞뒤로 나누는 면

⑫ ＿＿＿＿＿＿＿＿＿： 팔다리의 경우에 적용되며 몸통에 가까운 쪽

⑬ ＿＿＿＿＿＿＿＿＿： 신체 또는 장기의 표면으로부터 먼 쪽

⑭ ＿＿＿＿＿＿＿＿＿： 칼로 깎아 놓은 것처럼 깊게 움푹 파인 홈

⑮ ＿＿＿＿＿＿＿＿＿： 뼈에서 조혈기능(hematogenous function)이 있는 부위

⑯ ＿＿＿＿＿＿＿＿＿： 전두골과 두정골 사이의 봉합

⑰ ＿＿＿＿＿＿＿＿＿： 신경 및 혈관의 통로가 되는 작은 구멍

⑱ ＿＿＿＿＿＿＿＿＿： 흉곽(thorax)의 정중부에 있는 장방형의 뼈

⑲ ＿＿＿＿＿＿＿＿＿： 가스, 영양분 및 노폐물을 운반하는 인체의 계통

⑳ ＿＿＿＿＿＿＿＿＿： 관절의 운동 중 사지가 인체의 정중앙에서 멀어지는 운동

해답(Answers)

01 주요 용어 익히기

1. ① 권골/광대뼈 ② 흉쇄유돌근 ③ 협근/볼근 ④ 접형골/나비뼈 ⑤ 절흔/패임 ⑥ 흉부 ⑦ 검상돌기 ⑧ 누골 ⑨ 경상돌기 ⑩ 설근 ⑪ 와(窩) ⑫ 동(洞)/굴 ⑬ 유양돌기 ⑭ 요추 ⑮ 길항근 ⑯ 견갑골 ⑰ 협력근 ⑱ 흉골설골근 ⑲ 입꼬리당김근/소근 ⑳ 불수의근

2. ① homeostasis ② hyoid bone ③ sternum ④ pelvis ⑤ nasal bone ⑥ maxilla ⑦ cartilage ⑧ ligament ⑨ temporal bone ⑩ cranial bone ⑪ smooth m. ⑫ facial m.

1-1

① 시상면(sagittal plane) ② 관상면(coronal plane) ③ 횡단면(transverse plane)

1-2

① 폐(lung) ② 간(liver) ③ 담낭(gallbladder) ④ 결장(colon) ⑤ 갑상선(thyroid gland) ⑥ 기관(trachea) ⑦ 심장(heart) ⑧ 위(stomach) ⑨ 소장(small intestine) ⑩ S상 결장(sigmoid colon) ⑪ 방광(bladder) ⑫ 요도(ureter)

1-3

① 척주(vertebral column) ② 하지대(pelvic girdle) ③ 쇄골(clavicle) ④ 견갑골(scapula) ⑤ 흉골(sternum) ⑥ 늑골(libs)

1-4

① 비골/코뼈(nasal bone) ② 누골/눈물뼈(lacrimal bone) ③ 하악골/아래턱뼈(mandible) ④ 상악골/위턱뼈(maxilla) ⑤ 권골/광대뼈(zygomatic bone) ⑥ 접형골/나비뼈(sphenoid bone)

1-5

① 전두골/이마뼈(frontal bone) ② 두정골/마루뼈(parietal bone) ③ 후두골/뒤통수뼈(occipital bone) ④ 측두골/관자뼈(temporal bone) ⑤ 권골/광대뼈(zygomatic bone)

1-6

(a) 위에서 본 두개골

① 관상봉합(coronal suture) ② 시상봉합(sagittal suture) ③ 람다봉합(lambdoidal suture) ④ 후두골(occipital bone) ⑤ 두정골(parietal bone)

(b) 옆에서 본 두개골

⑥ 관상봉합(coronal suture) ⑦ 람다봉합(lambdoidal suture) ⑧ 후두골(occipital bone) ⑨ 비늘봉합(squamous suture) ⑩ 측두골(temporal bone)

1-7

① 몸통(body)　② 소익(lesser wing)　③ 대익(greater wing)　④ 상안와열(superior orbital fissure)　⑤ 외측익돌판(lateral pterygoid plate)　⑥ 내측익돌판(medial pterygoid plate)

1-8

① 하악절흔(submendibular notch)　② 근육돌기(muscular process)　③ 이융기(mental protuberance)　④ 이공(mental foramen)　⑤ 하악체(mendibular body)　⑥ 치조돌기(alveolar process)　⑦ 하악각(mandibular angle)　⑧ 하악지(ramus)　⑨ 관절돌기(condylar process)

1-9

① 진늑골(true ribs, 1-7)　② 가늑골(false ribs, 8-10)　③ 부유늑골(floating ribs, 11-12)

1-10

① 흉골상절흔(suprasternal notch)　② 쇄골관절면(clavical articular facet)　③ 흉골병(manubrium sterni)　④ 1번늑골관절면(first rib articular facet)　⑤ 흉골체(corpus sterni)　⑥ 검상돌기(xiphoid process)

1-11

① 경추(cervical vertebrae)　② 흉추(thoracic vertebrae)　③ 요추(lumbar vertebrae)　④ 천추(sacrum)　⑤ 미추(coccyx)

1-12

① 흉쇄유돌근(sternocleidomastoid m.)　② 대흉근(pectoralis major m.)　③ 전거근(serratus anterior m.)　④ 복직근(rectus abdominis m.)　⑤ 외복사근(external abdominal oblique m.)

1-13

① 후두근(occipital bone)　② 승모근(trapezius m.)　③ 삼각근(deltoid m.)　④ 광배근(latissimus dorsi m.)　⑤ 대둔근(gluteus maximus m.)

1-14

① 전두근(frontalis m.)　② 안륜근(orbicularis occuli m.)　③ 소권골근(zygomatic minor m.)　④ 상순거근/위입술올림근(levator labii superioris m.)　⑤ 대권골근(zygomatic major m.)　⑥ 구각거근/입꼬리올림근(levator anguli oris m.)　⑦ 소근/입꼬리당김근(risorius m.)　⑧ 구륜근(orbicularis oris m.)　⑨ 입꼬리내림근(depressor anguli oris m.)　⑩ 아래입술내림근(depressor labii inferioris m.)　⑪ 이근/턱끝근(mentalis m.)　⑫ 교근(masetter m.)　⑬ 협근/볼근(buccinator m.)　⑭ 비근(nasal m.)

1-15

① 전두근(frontalis m.)　② 안륜근/눈둘레근(orbicularis oculi m.)　③ 비근(nasalis m.)　④ 상순거근(levator labii superioris m.)　⑤ 대권골근(zygomatic major m.)　⑥ 구륜근(orbicularis oris m.)　⑦ 이근/턱끝근(mentalis m.)　⑧ 아래입술내림근(depressor labii inferioris m.)　⑨ 입꼬리내림근(depressor anguli oris m.)　⑩ 협근/볼근(buccinator m.)　⑪ 교근/깨물근(masseter m.)　⑫ 소권골근/작은관자근(zygomatic minor m.)　⑬ 후두근(occipitalis m.)　⑭ 측두골/관자근(temporalis m.)

1-16

① 연구개거근(levator m.)　② 이관인두근(salpingophayngeus m.)　③ 상인두수축근(superior constrictor m.)　④ 구개인두근(palatopharyngeus m.)　⑤ 중인두수축근(middle constrictor m.)　⑥ 경돌인두근(stylopharngeus m.)　⑦ 하인두수축근(inferior constrictor m.)　⑧ 식도(esophagus)

1-17

① 이설골근/턱끝설골근(geniohyoid m.)　② 관절돌기(articular process)　③ 하악지(mandibular ramus)　④ 설골(hyoid bone)　⑤ 하악설골근/턱목뿔근(mylohyoid m.)

1-18

① 갑상설골근(thyrohyoid m.)　② 흉골갑상근(sternohyoid m.)　③ 견갑설골근(omohyoid m.)　④ 흉골설골근(sternohyoid m.)

연습문제 해답 I

1. ⑤	2. ④	3. ②	4. ③	5. ③	6. ②	7. ③	8. ②	9. ③	10. ②
11. ③	12. ⑤	13. ③	14. ①	15. ④	16. ③	17. ④	18. ④	19. ②	20. ⑤
21. ②	22. ④	23. ①	24. ⑤	25. ③	26. ③	27. ①	28. ③	29. ④	30. ④
31. ①	32. ②	33. ③	34. ④	35. ③	36. ①	37. ④	38. ④	39. ②	40. ③
41. ④	42. ④	43. ①	44. ②	45. ④	46. ③	47. ⑤	48. ④	49. ①	50. ②
51. ②	52. ⑤	53. ③	54. ⑤	55. ④	56. ④	57. ③	58. ③	59. ②	60. ②
61. ④	62. ③	63. ③	64. ①	65. ④	66. ②	67. ⑤	68. ⑤	69. ③	70. ④
71. ④	72. ②	73. ①	74. ①	75. ②	76. ⑤	77. ④	78. ⑤	79. ①	80. ②

연습문제 해답 II

① 항상성(homeostasis)　② 공명강(resonant cavity)　③ 설골(hyoid bone)　④ 건/힘줄(tendon)　⑤ 인대(ligament)　⑥ 동/굴(sinus)　⑦ 후두골(occipital bone)　⑧ 평활근(smooth m.)　⑨ 종격(mediastinum)　⑩ 시상면(sagittal plane)　⑪ 관상면(coronal plane)　⑫ 근위(proximal)의　⑬ 심부(deep)의　⑭ 절흔/패임(notch)　⑮ 적골수(red bone marrow)　⑯ 관상봉합(coronal suture)　⑰ 공/구멍(foramen)　⑱ 흉골(sternum)　⑲ 순환기계(circulatory system)　⑳ 외전(abduction)

제2장

호흡의 해부와 생리

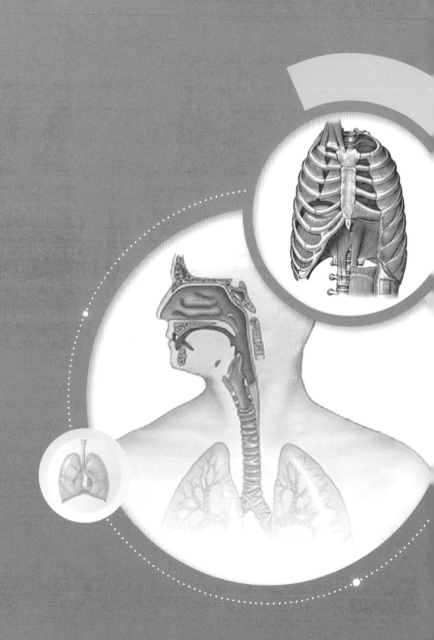

02 주요 용어 익히기

1. 다음 용어를 국문으로 바꾸시오.

① alveolar duct _____   ② bronchiole _____

③ mucosa _____   ④ mediastinum _____

⑤ carina _____   ⑥ surface tension _____

⑦ intercostal m. _____   ⑧ alveolar pressure _____

⑨ pulmonary surfactant _____   ⑩ anoxia _____

⑪ pleural space _____   ⑫ apnea _____

⑬ parietal pleura _____   ⑭ dead space _____

⑮ residual volume _____   ⑯ rectus abdominis m. _____

⑰ hilus _____   ⑱ scalens muscle _____

⑲ cellular respiration _____   ⑳ hypoxia _____

2. 다음 용어를 영문으로 바꾸시오.

① 기도(氣道) _____   ② 기관지 _____

③ 폐 _____   ④ 들숨 _____

⑤ 내호흡 _____   ⑥ 횡격막 _____

⑦ 물질대사 _____   ⑧ 흉식호흡 _____

⑨ 폐포 _____   ⑩ 폐활량 _____

⑪ 사강 _____   ⑫ 모세혈관 _____

[2-1]은 기도(respiratory tract)를 보여 주고 있다. 번호에 알맞은 명칭을 쓰시오.

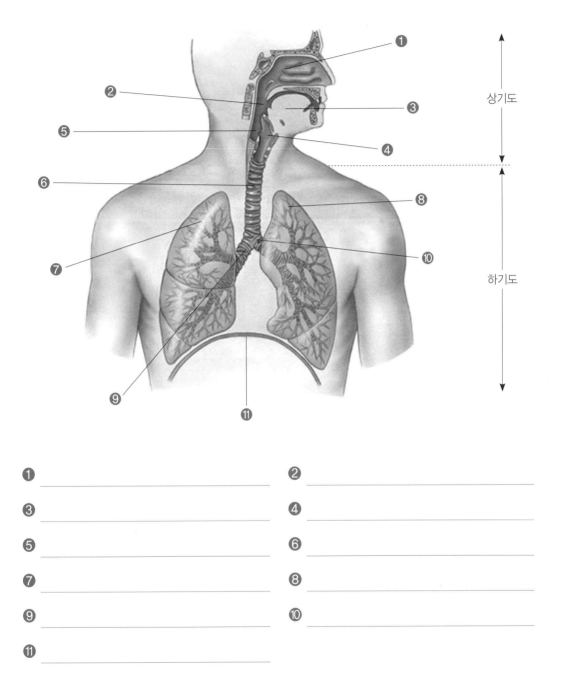

상기도

하기도

❶ _____   ❷ _____

❸ _____   ❹ _____

❺ _____   ❻ _____

❼ _____   ❽ _____

❾ _____   ❿ _____

⓫ _____

[2-2]는 호흡기관(respiratory organ)의 구조를 보여 주고 있다. 번호에 알맞은 명칭을 쓰시오.

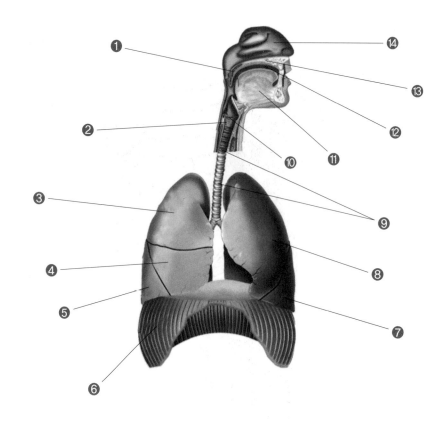

❶ _____   ❷ _____

❸ _____   ❹ _____

❺ _____   ❻ _____

❼ _____   ❽ _____

❾ _____   ❿ _____

⓫ _____   ⓬ _____

⓭ _____   ⓮ _____

[2-3]은 주요한 호흡근(respiratory muscle)을 보여 주고 있다. 번호에 알맞은 명칭을 쓰시오.

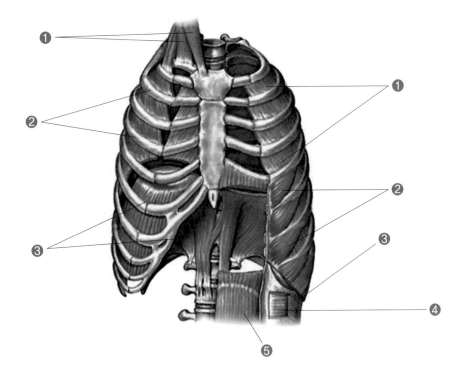

[들숨근]

❶ _____

❷ _____

❸ _____

[날숨근]

❶ _____

❷ _____

❸ _____

❹ _____

❺ _____

어원으로 익히는 전문용어

어근 gastr-는 '위(stomach)'를, -itis는 '염증(inflammation)'을 의미한다. 따라서 gastritis는 '위염(inflammation of the stomach)'을 의미한다.

유사한 예) gastroenterology(어근 gastr '위' + 어근 enter '장' + -ology '학문') = 위장병학

[2-4]는 폐의 들숨과 날숨의 환기과정을 보여 주고 있다. 이때 횡격막, 늑간근, 흉곽의 작용을 포함해서 들숨과 날숨이 어떠한 경로로 진행되는가를 간단히 설명하여 보시오.

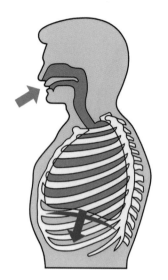 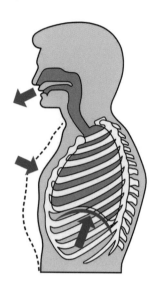

❶ _____

_____

_____

❷ _____

_____

_____

어원으로 익히는 전문용어

접두사 hemi—는 '반(half)'를, 어근 – plegia는 '마비(paralysis)'를 의미한다. 따라서 hemiplegia는 '편마비'를 의미한다.

유사한 예) hemiataxia(접두사 hemi—+ 어근 ataxia '실조증' = 편측실조증

[2–5]는 기관과 기관지 나무(tracheobronchial tree)를 보여 주고 있다. 번호에 알맞은 명칭을 쓰시오.

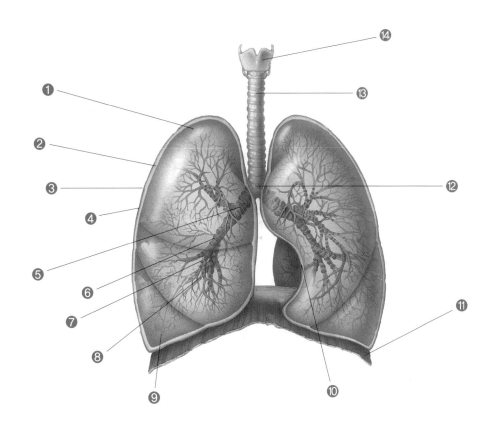

❶ _____ **❷** _____

❸ _____ **❹** _____

❺ _____ **❻** _____

❼ _____ **❽** _____

❾ _____ **❿** _____

⑪ _____ **⑫** _____

⑬ _____ **⑭** _____

[2-6]은 외호흡(external respiration)과 내호흡(internal respiration)의 과정을 보여 주고 있다. 구체적인 과정을 기술해 보시오.

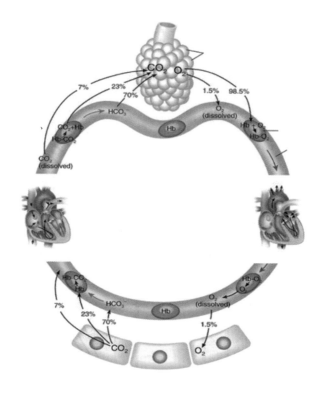

❶ _____

_____

_____

_____

❷ _____

_____

_____

_____

[2-7]은 폐의 구조를 보여 주고 있다. 번호에 알맞은 명칭을 쓰시오.

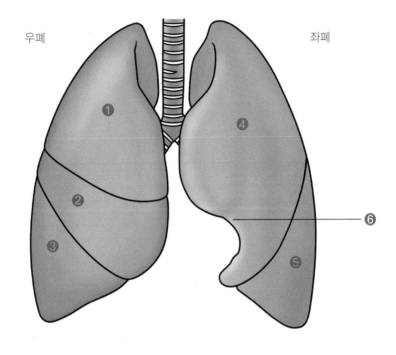

우폐   좌폐

❶ _____   ❷ _____

❸ _____   ❹ _____

❺ _____   ❻ _____

호흡 관련 질병 명칭

폐렴 pneumonia

폐결핵 pulmonary tuberculosis

수면무호흡증 sleep apnea

천식 asthma

과대/과다호흡 hyperventilation

만성 폐쇄성 폐질환 chronic obstructive pulmonary disease, COPD

중증급성호흡기증후군 severe acute respiratory syndrome, SARS

과다호흡증후군 hyperventilation syndrome

신생아 빈호흡 폐색전(증) pulmonary embolism

호흡곤란증후군 respiratory distress syndrome

폐기종 pulmonary emphysema

폐부종 pulmonary edema

진폐증 pneumoconiosis

기관지천식 brochial asthma

과소호흡 hypoventilation

폐암 lung cancer

무호흡(증) apnea

비염 rhinitis

후두염 larngitis

기관지염 bronchitis

폐기흉 pneumothorax

저산소증 hypoxia

폐결절 solitary pulmonary nodule

급성 인두염 acute pharngitis

체인-스톡스호흡 Cheyne-Stokes respiration

[2~8]은 폐의 용적 및 용량을 나타낸 호흡곡선(spirogram)이다. 번호에 알맞은 명칭을 쓰시오.

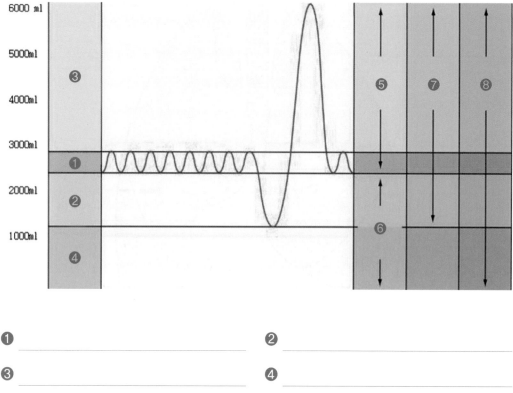

❶ _____   ❷ _____

❸ _____   ❹ _____

❺ _____   ❻ _____

❼ _____   ❽ _____

어원으로 익히는 전문용어

부정의 접두사 a—는 'not'을, 어근 −praxia는 '움직임(movement)'을 의미한다. 따라서 apraxia는 '실행증'을 의미한다. 여기서 대부분의 부정의 접두사의 발음에 주의를 요한다:

apraxia [eɪpræsiə], atypical[eɪtipɪkəl] '비전형적인', apolitical[eɪpɔlitikəl], 비정치적인'

유사한 예) dyspraxia(접두사 dys는 '불완전한' + 어근 −praxia) = 부전실행증

부정의 접두사 a—는 'not'을, 어근 −phasia는 '말 또는 언어(speech)'를 의미한다. 따라서
aphasia[əfeɪziə]는 '실어증'을 의미한다. 이 단어에서는 [eɪ] 대신 [ə]로 읽는다.

유사한 예) dysphasia(어근 dys− '불완전한' + −phas '말'+ ia '증상') = 부전실어증

연습문제 I

1. 비강의 기능이 아닌 것은?

① 공기의 가온, 가습
② 공명작용
③ pH 조절
④ 먼지 제거
⑤ 후각에 관여

2. 종격이란 어디를 말하는가?

① 척추와 폐 사이　② 심장과 폐 사이
③ 심장과 심장 사이　④ 심장과 횡격막 사이
⑤ 폐와 폐 사이

▌종격(mediastinum)은 폐와 폐 사이, 즉 좌우 흉막강(pleural cavity) 사이를 가리킨다.

3. 기관(trachea)에 대한 설명으로 옳지 않은 것은?

① 윤상연골하연에서 시작되는 약 10~12cm의 관이다.
② 제10흉추 높이에서 좌우 기관지로 나뉜다.
③ 16~20개의 기관연골로 이루어져 있다.
④ 후벽은 인대성 막과 평활근으로 구성되어 있다.
⑤ 점막은 배상세포를 많이 함유한 위중층섬모원주 상피로 되어 있다.

▌좌우 기관지로 나누어지는 곳을 분기부(carina)라 하며, 제5흉추(T5)에 위치한다.

4. 가스교환이 가능한 부위들을 모두 고른 것은?

| 가. 호흡세기관지 | 나. 폐포관 |
| 다. 폐포낭 | 라. 폐포 |

① 가, 나, 다　② 가, 다
③ 나, 라　④ 라
⑤ 가, 나, 다, 라

▌호흡세기관지 → 폐포관 → 폐포낭 → 폐포까지를 호흡구역(respiratory zone)이라고 하는데, 특히 호흡세기관지에도 가스교환이 가능한 폐포가 산재해 있기 때문에 이런 명칭이 붙게 되었다.

5. 흉강(thoracic cavity)과 복강(abdominal cavity)의 경계를 형성하는 근육성 막의 명칭은?

① 횡격막　② 수막　③ 복막
④ 흉막　⑤ 종격

▌횡격막(diaphragm)은 흉강과 복강 사이의 경계막이며, 중요한 호흡근이다.

6. 다음 호흡근육 중 날숨근에 속하는 것은?

① 내늑간근　② 외늑간근
③ 상후거근　④ 늑골거근
⑤ 횡격막 수축

▌횡격막은 복식호흡을 주관하는데, 수축하면 흉강이 넓어져 들숨이 진행되고, 이완하면 반대로 날숨이 진행된다.

7. 호흡중추로 올바른 곳은?

① 소뇌　② 뇌하수체
③ 중뇌　④ 연수
⑤ 간뇌

▌호흡중추는 뇌교와 연수에 있는데 뇌교에는 날숨조절중추(pneumotaxic center)와 지속성 들숨중추(apneusticcenter)가 있고, 연수에는 호흡 등의 기본과정을 담당하는 들숨 및 날숨중추(inspiratory & expiratory center)가 있다.

8. 좌우 폐엽(lobe)이 옳게 기술된 것은?

① 우3엽, 좌3엽
② 우3엽, 좌2엽
③ 우3엽, 좌4엽
④ 우2엽, 좌3엽
⑤ 우2엽, 좌2엽

▌폐는 우3엽, 좌2엽으로 구성되어 있다.

9. 다음 설명 중 옳은 것은?

가. 최대로 흡입한 후 최대로 내뿜는 공기량은 폐활량이다.
나. 폐활량과 날숨 및 들숨예비용적의 합을 총 폐활량이라 한다.
다. 복식호흡이란 늑간근에 의한 호흡이다.
라. 잔기용적은 약 1,200cc이다.

① 가, 나　② 나, 라
③ 나, 다　④ 가, 라
⑤ 가, 다, 라

▌성인남자 기준 총 폐활량(6,000cc)은 1회 호흡용적(TV, 500cc), 들숨예비용적(IRV, 3,100cc), 날숨예비용적(ERV, 1,200cc), 잔기용적(1,200cc)을 모두 합친 양을 가리킨다. 폐활량은 1회 호흡용적, 들숨예비용적, 날숨예비용적을 합친 양이다. 흉식호흡(thoracic respiration)은 늑간근(intercostal muscle)에 의해 수행된다.

10. 정상 성인의 1회 호흡용적은?

① 100cc　　　　② 500cc
③ 800cc　　　　④ 1,000cc
⑤ 1,500cc

▌1회 호흡용적이란 안정호흡 시 매회 들숨 및 날숨량으로
약 (　　)이다.

11. 폐포에서 일어나는 가스교환은 어떤 원리인가?

① 분압 차에 의한 삼투
② 분압 차에 의한 확산
③ 농도 차에 의한 삼투
④ 농도 차에 의한 확산
⑤ 농도 차에 의한 여과

▌폐의 O_2와 CO_2 분압 및 이곳을 지나는 모세혈관의 O_2
와 CO_2 분압 차에 의한 확산작용으로 가스교환이 이루어
진다.

12. 산소(O_2)의 운반을 담당하는 것은?

① 혈소판(platelet)
② 적혈구(erythrocyte)
③ 백혈구(leukocyte)
④ 림프구(lymphocyte)
⑤ 혈장(plasma)

13. 폐활량(vital capacity)에 포함되지 않는 것은?

① 1회 호흡용적　　② 잔기용적
③ 들숨예비용적　　④ 날숨예비용적
⑤ 들숨용량

▌폐활량은 최대 들숨에 이어서 최대 날숨이 될 수 있는 공
기량이다.

14. 한국 성인 남성의 평균 폐활량은?

① 1.5~2L　　② 2~3L　　③ 3.5~4.5L
④ 4~5L　　　⑤ 4.5~5.5L

▌성인남자는 4,000~4,500cc, 여자는 3,500~4,000cc

15. 들숨이나 날숨 공기에서 항상 분압이 일정한
것은?

① N_2　　　② CO　　　③ O_2
④ CO_2　　⑤ Na^+

▌날숨과 들숨 공기에서 분압이 일정한 가스는 질소이다.

16. 공기를 최대한 들이마시고 최대로 내쉬는 공기
량은?

① 잔기용적　　　② 폐활량
③ 1회 호흡용적　④ 날숨예비용적
⑤ 총 폐용량

17. 성인남성의 잔기용적(residual volume)에 해당
하는 공기량은?

① 400cc　　　② 800cc
③ 1,200cc　　④ 1,500cc
⑤ 2,000cc

18. 폐포의 표면장력을 낮추어 폐포가 쉽게 확장되
도록 유도하는 것은?

① 산소　　　　② 계면활성제
③ 이산화탄소　④ 점액
⑤ 조직액

19. 들숨의 순서가 올바른 것은?

가. 인두	나. 기관지
다. 외비공	라. 비강
마. 기관	바. 후두

① 가-나-다-라-마-바
② 다-라-가-바-마-나
③ 다-라-가-나-마-바
④ 나-다-마-라-가-바
⑤ 다-라-가-마-나-바

20. 공기가 폐 속으로 들어가는 까닭은?

① 폐가 능동적으로 공기를 빨아들인다.
② 산소가 몸에 필요하다.
③ 쌓인 CO_2가 밖으로 나가려고 한다.
④ 폐 속의 공기압이 몸 밖의 공기압보다 낮다.
⑤ N_2의 압력에 기인한다.

21. 들숨 시 흉곽의 밑면을 아래로 잡아당겨서 흉곽
의 크기를 크게 하는 데 주로 관여하는 것은?

① 횡격막　　　② 대흉근
③ 늑간근　　　④ 복직근
⑤ 늑하근

22. 들숨 가운데 대략적인 산소의 비율은?

① 10%　　　② 20%
③ 40%　　　④ 60%
⑤ 80%

23. 날숨예비용적은?

① 약 500cc
② 약 1,200cc
③ 약 1,500cc
④ 약 2,200cc
⑤ 약 2,600cc

24. 횡격막(diaphragm)에 위치하는 구멍에 속하지 않는 것은?

> 가. 대동맥열공   나. 대정맥공
> 다. 식도열공   라. 기관열공

① 가, 나, 다   ② 가, 다   ③ 나, 라
④ 라   ⑤ 가, 나, 다, 라

▮ 횡격막은 3개의 구멍인 식도열공, 대정맥공, 대동맥열공
이 있어 여러 구조물들이 지나가고 있다.

25. CO_2는 혈액 속에서 어떤 형태로 운반되는가?

① 일산화탄소가스   ② 탄산칼륨
③ 중탄산염   ④ 탄산나트륨
⑤ 아세트산

26. 혈액 중에 CO_2의 양이 증가하면?

① 호흡수가 증가한다.
② 호흡수가 감소한다.
③ 호흡속도에 아무런 변동이 없다.
④ 혼수상태가 된다.
⑤ 호흡속도에 난조가 생긴다.

27. 들숨근에 관여하는 것은?

① 내늑간근   ② 외늑간근   ③ 복직근
④ 흉횡근   ⑤ 복사근

28. 종격에 수용되지 않는 장기는?

① 폐   ② 심장   ③ 흉선
④ 식도   ⑤ 기관

▮ 종격이란 앞은 흉골, 뒤는 흉추, 좌우는 폐, 밑은 횡격막,
위는 흉곽상구 등으로 둘러싸인 부분을 의미한다. 종격에
있는 장기들은 폐를 제외한 모든 흉강 내 장기를 가리킨
다. 종격상부: 기관, 식도, 흉선, 대동맥, 상대동맥; 종격중
부: 심장; 종격하부: 식도, 미주신경, 흉관 등이 위치함.

29. 종격에 있는 장기는?

> 가. esophagus   나. heart
> 다. thymus   라. lung

① 가, 나, 다   ② 가, 다   ③ 나, 라
④ 라   ⑤ 가, 나, 다, 라

▮ 종격에 있는 장기는 기관, 식도, 흉선, 상대정맥, 심장, 흉
관, 미주신경 등이다.

30. 산소요구량이 가장 높은 기관은?

① 심장(heart)   ② 폐(lungs)   ③ 뇌(brain)
④ 간(liver)   ⑤ 신장(kidney)

31. 기관과 기관지에 관한 설명 중 틀린 것은?

① 기관의 길이는 약 10~12cm이다.
② 좌기관지는 길고 가늘며 2개로 나뉜다.
③ 우기관지가 좌기관지보다 길다.
④ 우기관지는 짧고 굵으며 3개로 나뉜다.
⑤ 기관 제5흉추 높이에서 좌·우기관지로 나뉜다.

32. 신생아의 1분간 호흡수는 몇 번인가?

① 5~10회   ② 10~20회
③ 20~30회   ④ 30~50회
⑤ 40~70회

▮ 안정 시 성인은 분당 12~20회, 어린이는 20~25회 그리고
신생아는 40~70회이다.

33. 호흡률을 표시하는 것은?

① O_2/CO_2 ② CO_2/O_2 ③ N_2/O_2
④ O_2/N_2 ⑤ H_2/O_2

▮ 호흡 시에 배출되는 CO_2양과 소비된 O_2양과의 비를 호흡
률이라 한다.

34. 호흡속도에 영향을 가장 크게 미치는 것은?

① 혈액의 수분량   ② 혈당량
③ 혈액의 CO_2량   ④ 혈액의 N_2량
⑤ 혈액의 Ca^{2+}

▮ 혈액의 pH가 저하하면 호흡은 증가되고, pH가 상승하면
호흡은 억제된다. CO_2가 증가하면 pH가 저하하고, CO_2가
감소하면 혈액의 pH는 상승한다.

35. 성인 남성의 경우 기관(trachea)의 길이는?

① 약 4~5cm   ② 약 10~12cm
③ 약 15~17cm   ④ 약 18~20cm
⑤ 약 20~22cm

36. 폐의 용적과 용량에서 성인기보다 노인기에 비례적으로 증가하는 것은?

① 호흡용적   ② 잔기용적
③ 폐활량   ④ 들숨예비용적
⑤ 총 폐활량

37. 복식호흡(abdominal respiration)과 가장 관계가 깊은 것은?

① 외늑간근   ② 늑골거근   ③ 내늑간근
④ 횡격막   ⑤ 늑하근

▮ 보통 복식호흡을 하나, 여성의 경우 임신 등으로 흉식호
흡을 할때가 있다. 흉식호흡은 늑간근들의 수축과 이완에
의한 호흡인 반면에 복식호흡은 횡격막의 이완과 수축에
의한 호흡이다.

38. 호흡기도와 직접적인 관계가 없는 것은?

① 비강(nasal cavity)   ② 이관(auditory tube)

③ 기관(trachea)   ④ 후두(larynx)

⑤ 기관지(bronchus)

▊ 이관(유스타키오관)은 길이가 4cm 정도로 인두와 중이를 연결하며, 고실(중이강) 안의 압력을 유지시키는 중요한 기능을 한다.

39. 폐활량과 잔기량을 합한 것을 무엇이라 하는가?

① 총 폐활량(total lung capacity)

② 기능적 잔기용량(functional residual capacity)

③ 날숨예비용적(expiratory reserve volume)

④ 들숨예비용적(inspiratory reserve volume)

⑤ 1회 호흡용적(tidal volume)

40. 성인의 폐포면적은?

① 30~60m²   ② 50~100m²   ③ 100~150m²

④ 150~200m²   ⑤ 200~300m²

▊ 폐포면적은 성인여자의 경우 50~70m²이며, 폐포의 수는 약 30억 개이다.

41. 들숨(inspiration)이 일어날 수 있는 조건이 아닌 것은?

① 흉강내압의 저하   ② 폐포의 표면장력의 저하

③ 폐포내압의 저하   ④ 내늑간근의 수축

⑤ 흉강의 부피 증대

▊ 내늑간근이 수축하면 흉강이 좁아져 날숨이 일어난다.

42. 폐포에서 산소가 혈액 속으로 이동되는 이유는?

① 혈관벽이 얇아서 O_2가 스며들기 쉽기 때문이다.

② 폐포 안의 N_2 분압이 이곳을 지나가는 혈액보다 높기 때문이다.

③ 폐포 안의 O_2 분압이 이곳을 지나는 혈액보다 높기 때문이다.

④ O_2 분압과는 관계없이 hemoglobin이 O_2에 대한 친화력이 강한 탓이다.

⑤ 폐포의 O_2 분압과 이곳을 지나는 혈액의 O_2 분압이 같기 때문이다.

43. 헤모글로빈(hemoglobin)과 산소는 다음 어느 경우에 가장 잘 결합하는가?

① CO_2 분압이 높을수록

② O_2 분압이 높을수록

③ O_2 분압이 낮을수록

④ CO_2 분압과 O_2 분압이 같을 때

⑤ O_2 분압과 관계가 없다.

▊ CO_2 분압이 높을수록 결합률이 낮다.

44. 폐활량을 바르게 기술한 것은?

① 최대 들숨 후 더 내뿜을 수 있는 최대량의 공기 배출량

② 안정 날숨 후 최대로 흡입할 수 있는 공기량

③ 안정호흡 후 폐에 잔류하는 공기량

④ 매 호흡 시 날숨 호출되는 공기량

⑤ 최대 들숨에 이어 폐에 잔류하는 공기량

▊ 폐활량이란 최대로 숨을 들이마셨다가 최대로 숨을 내쉴 수 있는 공기량이다. 성인남자의 경우 호흡용적(500cc), 날숨예비용적(1,000cc), 들숨예비용적(2,500cc)을 합한 약 4,000cc 정도이다.

45. 안정상태의 건강한 성인의 분당 산소 소모량은?

① 100cc   ② 150cc   ③ 200cc

④ 250cc   ⑤ 300cc

46. 날숨중추가 있는 곳은?

① 뇌교   ② 시상하부   ③ 중뇌

④ 연수   ⑤ 시상

▊ 호흡은 뇌교의 날숨조절중추와 (   )의 앞쪽의 들숨중추, 뒤쪽의 날숨중추에 의하여 조절된다.

47. 호흡에 의한 가스교환이 본질적으로 이루어지는 장소는?

① 기관지   ② 흉막   ③ 폐포

④ 종격   ⑤ 기관

▊ 가스교환은 (   )와/과 모세혈관 사이에서 이루어진다.

48. 다음 설명 중에서 틀린 것은?

① 1회 호흡용적은 들숨과 날숨의 기체량을 가리킨다.

② 들숨예비용적은 안정 들숨으로부터 계속 흡입할 수 있는 최대기체량이다.

③ 잔기량이란 최대로 내쉰 후에도 폐 안에 남아 있는 기체량을 가리킨다.

④ 전폐용량이란 잔기량과 1회 호흡용적을 합한 것을 가리킨다.

⑤ 날숨예비용적은 안정 시 날숨이 끝난 후 더 내쉴 수 있는 공기량을 가리킨다.

49. 무호흡(apnea)과 호흡곤란(dyspnea)이 교대로 나타나는 것은?

① 과도호흡

② 무호흡

③ Cheyne-Stokes 호흡

④ 지속적 호흡

⑤ 호흡곤란

▊ 생체가 죽기 직전에 반드시 이 호흡의 과정을 거친다.

50. 폐포까지 가지 못하고 호흡기도에 머무르는 것은?

① 잔기용적   ② 1회 호흡용적
③ 무효공간용적   ④ 들숨예비용적
⑤ 날숨예비용적

∎ 1회 호흡용적(tidal volume) 가운데 폐포까지 미치지 못하고 호흡기도 일부에 약 150cc 정도의 공기가 머무르는데, 이곳을 무효공간(사강, dead space)이라고 한다.

51. 다음 설명 중 틀린 것은?

① 폐는 2겹의 막으로 싸여 있다.
② 안정 시 흉막강은 음압을 유지한다.
③ 잠수병은 질소와 관계가 깊다.
④ 코골이는 경구개의 점막 이완 시 생긴다.
⑤ 폐문에는 흉막이 없다.

∎ 코골이: 수면 중 호흡 시 연구개의 떨림이다.

52. 호흡중추(respiratory center)가 흥분하는 원인에 관해 설명한 것으로 가장 적합한 것은?

① 혈액 중에 P_{O_2}가 정상보다 높을 때
② 혈액 중의 PC_{O_2}가 정상보다 높을 때
③ 혈액 중에 PC_{O_2}가 정상보다 낮을 때
④ 혈액 중에 P_{O_2}와 PC_{O_2}가 모두 정상보다 낮을 때
⑤ 혈액 중에 P_{O_2}와 PC_{O_2}가 모두 정상보다 높을 때

53. 주로 횡격막(diaphragm) 운동에 의한 호흡을 ( )이라 하며, 이 호흡운동은 남자에게서 많이 볼 수 있다.

① 복식호흡
② 흉식호흡
③ 과도호흡
④ 무호흡
⑤ Chenyne—stocks 호흡

54. 기관연골(tracheal cartilage)의 수는?

① 5~10개   ② 8~12개
③ 16~20개   ④ 12~25개
⑤ 25~30개

∎ 기관은 약 10~12cm의 원주상관으로 C자 모양의 초자연골로 구성되어 있으며 식도 앞을 수직으로 하행한다.

55. 횡격막(diaphragm)을 지배하는 신경은?

① 경신경   ② 흉신경
③ 뇌신경   ④ 요신경
⑤ 천골신경

∎ 횡격막은 제3, 4, 5경신경에서 분지되어 오는 한 쌍의 횡격 신경에 의해 지배된다.

56. 식도(esophagus)와 기관(trachea) 간의 위치 설명 가운데 옳은 것은?

① 식도와 기관은 다 같이 횡격막을 통과한다.
② 식도가 기관의 전면에 있다.
③ 식도가 기관의 우측에 있다.
④ 식도가 기관의 좌측에 있다.
⑤ 식도가 기관의 후면에 있다.

57. 기관(trachea)을 형성하는 연골은?

① 탄력연골
② 초자연골
③ 섬유연골
④ 세망연골
⑤ 갑상연골

∎ 15~20개의 C자 모형(편자모형)인 초자연골로 구성되어 있다.

58. 후두연골에 속하지 않는 것은?

① 윤상연골   ② 갑상연골
③ 피열연골   ④ 기관연골
⑤ 소각연골

∎ 후두연골(laryngeal cartilages): 6종 9개(피열, 소각, 설상)× 2개, (갑상, 윤상, 후두개연골)×1개

59. 2차 기관지(secondary bronchus)에 해당하는 것은?

① 엽기관지   ② 구역기관지
③ 세기관지   ④ 종말세기관지
⑤ 호흡세기관지

∎ 기관분기부에서 좌우 폐로 들어오는 1개씩의 기관지를 주 기관지(main bronchus) 혹은 1차 기관지라 하고, 폐 속에 들어와 우폐 3개와 좌폐 2개의 가지로 분지되는 엽기관지 (lober bronchus)를 2차 기관지, 여기부터 다시 분지되는 세기관지(bronchiole)를 3차 기관지라고 한다.

60. 폐의 혈액순환 순서로 옳은 것은?

가. 폐정맥	나. 폐동맥
다. 폐	라. 우심실
마. 좌심방	

① 마-다-가-나-라
② 라-가-다-나-마
③ 라-나-다-가-마
④ 마-가-다-나-라
⑤ 나-다-라-가-마

∎ 폐정맥은 폐에서 좌심방으로 들어오는 산화된 혈액(동맥혈)이 흐르는 혈관으로 우폐에서 2개, 좌폐에서 2개, 총 4개의 혈관으로 구성된다.

61. 폐용적(lung volume)과 폐용량(lungcapacity)의 관계식이다. 옳은 것을 모두 고른 것은?

> 가. 들숨용량 = 1회 호흡용적+들숨예비용적
> 나. 기능적 잔기량 = 잔기용적+날숨예비용적
> 다. 폐활량 = 날숨예비용적+들숨용량
> 라. 총 폐활량 = 폐활량+날숨예비용적

① 가, 나, 다　　② 가, 다　　③ 나, 라
④ 라　　　　　⑤ 가, 나, 다, 라

∎ 내늑간근이 수축하면 흉강이 좁아져 날숨이 일어난다.

62. 혈액의 산소 및 이산화탄소 분압의 감수체는?

> 가. 뇌하수체　　나. 갑상연골　　다. 피열연골
> 라. 기관연골　　마. 소각연골

① 가, 나　　② 나, 라　　③ 다, 라
④ 나, 마　　⑤ 가, 다

63. 어린이의 호흡수는 분당 몇 회나 되는가?
① 1~5회　　② 5~10회　　③ 20~25회
④ 30~35회　　⑤ 40~45회

∎ 안정 시 호흡수는 성인은 보통 12~20회이고, 어린이는 (　　)회이다.

64. 호흡 시 폐까지 이동하지 못하고 기관에 머무르는 공기의 용적은?
① 잔기용적　　　　② 날숨예비용적
③ 1회 호흡용적　　④ 무효공간용적
⑤ 들숨예비용적

∎ 성인 남성의 무효공간(dead space): 약 1,200cc

65. 들숨의 순서가 올바른 것은?

> 가. 기관지　　　　　　나. 기관
> 다. 호흡기관지　　　　라. 폐포
> 마. 종말세기관지

① 가-나-다-라-마　　② 다-가-나-마-라
③ 나-가-마-다-라　　④ 나-가-다-마-라
⑤ 다-가-마-나-라

∎ 기관지 → 세기관지 → 종말세기관지 → 호흡세기관지→ 폐포관 → 폐포낭 → 폐포

66. 다음 중 폐활량에 포함되지 않는 것은?
① 1회 호흡량　　　② 들숨예비량
③ 날숨예비량　　　④ 들숨용량
⑤ 잔기량

67. 부비동의 종류가 아닌 것은?
① 상악동
② 전두동
③ 접형골동
④ 유양동
⑤ 사골동

68. 다음 설명 중 틀린 것은?
① 폐포에서 가스교환이 이루어진다.
② 폐활량은 잔기량을 포함한다.
③ 폐포면적은 70~100m^{2}이다.
④ 폐포에서 공기분압은 질소가 가장 높다.
⑤ 폐동맥은 기능동맥일 뿐이다.

69. Cheyne-Stokes 호흡과 관계가 먼 것은?
① 호흡중추의 흥분성 상승
② 운명하기 바로 직전의 호흡
③ 수면 중 이상호흡
④ 호흡중추의 흥분성 저하
⑤ 화학물질에 의한 중독 시 이상호흡

70. 호흡에 영향을 주는 가장 큰 요인은?
① 혈액의 CO_2양
② 혈액의 수분량
③ 혈액의 N_2양
④ 혈액의 H^+ 이온농도
⑤ 혈당량

∎ 혈액이나 호흡공기 중에 CO_2가 증가하면 호흡중추를 자극하여 호흡이 증대된다.

71. 다음 중 활발한 호흡운동과 관계없는 것은?
① 계면활성제의 분비
② 복부근육의 이완
③ 복강내압 상승
④ 외늑간근 수축
⑤ 횡격막 수축

∎ 복강내압이 상승하면 호흡에 어려움을 겪는다.

72. 비중격(nasal septum)을 형성하는 데 관여하는 것은?

> 가. 사골　　　　　　나. 서골
> 다. 비중격연골　　　라. 비골

① 가, 나, 다　　　　② 가, 다
③ 나, 라　　　　　　④ 라
⑤ 가, 나, 다, 라

∎ 비중격은 사골, 서골 및 비중격연골로 구성된다.

73. 가장 큰 부비동(paranasal sinuses)은?

① 전비공
② 전두동
③ 사골동
④ 접형골동
⑤ 상악동

▌부비동은 상악동, 사골동, 접형골동, 전두동이 있는데, 그 중에 상악동이 가장 큰 부비동이며 축농증 또한 상악동에서 발생한다.

74. 다음 설명 중 틀린 것은?

가. 호흡조절중추는 연수이다.
나. 상악동은 상비도로 개구한다.
다. 사골, 서골, 비중격연골은 비중격을 형성한다.
라. 비루관은 하비도로 꾸한다.
마. 후두상피는 섬모상피이다.

① 가, 나
② 가, 나, 다
③ 나
④ 나, 다, 라
⑤ 다, 라, 마

▌1) 중비도: 상악동, 전두동 2) 상비도: 접형골동 3) 중비도, 상비도: 사골동 4) 후두: 섬모상피

75. 폐포 내 산소분압은 얼마인가?

① 150mmHg
② 60mmHg
③ 100mmHg
④ 40mmHg
⑤ 80mmHg

▌폐포 내 가스분압(760mmHg): 질소(573), 산소(100), 이산화탄소(40), 수증기(47)

76. 다음 설명 중 옳은 것은?

가. 폐활량은 들숨예비용적과 1회 호흡량의 합이다.
나. 폐포는 가스교환이 일어나는 장소이다.
다. 폐포는 분압 차에 의한 삼투작용으로 가스교환을 한다.
라. 질소는 들숨과 날숨에서 분압이 일정하다.
마. 호흡 시 호흡기도에 머무르는 잔기용적이 있다.

① 가, 나, 다
② 나, 라
③ 가, 다
④ 가, 다, 마
⑤ 라, 마

▌1) 총 폐활량(4,800cc)=들숨예비용적(IRV, 3,100cc)+1회 호흡량(Vt, 500cc)+날숨예비용적(ERV, 1,200cc) 2) 폐포의 가스교환: 확산작용 3) 호흡기도에 머무르는 용적: 사강(dead space, 1,200cc)

77. 성인남자의 1회 호흡량(tidal volume)은?

① 약 1,000cc
② 약 500cc
③ 약 750cc
④ 약 200cc
⑤ 약 1,200cc

▌평상시 1회 호흡량은 약 500cc이다. 폐활량은 성인남자의 경우 약 4,500cc이고 성인여자의 경우 4,000cc이다.

78. 무호흡(apnea) 상태가 생기는 원인에 관한 다음 설명 가운데 옳은 것은?

① 혈액 중의 PCO_2를 심호흡으로 급격하게 저하시켰을 때
② 혈액 중의 PCO_2를 심호흡으로 급격하게 상승시켰을 때
③ 혈액 중의 PO_2를 심호흡으로 급격하게 저하시켰을 때
④ 혈액 중의 PO_2를 심호흡으로 급격하게 상승시켰을 때
⑤ 혈액 중의 PN_2를 심호흡으로 급격하게 저하시켰을 때

79. 가장 흔히 볼 수 있는 호흡운동의 형식은?

① 흉식호흡
② 복식호흡
③ 흉복식호흡
④ Cheyne-Stockes 호흡
⑤ Kussmaul 호흡

80. 심호흡을 계속하는 경우를 일컫는 말은?

① 과도호흡
② 호흡촉진
③ 호흡곤란
④ Cheyne-Stockes 호흡
⑤ 무호흡

연습문제 II

※설명에 알맞은 용어를 왼쪽의 빈칸에 쓰시오.

① ＿＿＿＿＿＿＿＿＿＿＿＿： 들숨 시 흉곽의 밑면을 아래로 잡아당겨서 흉곽의 크기를 크게 하는 데 주로 관여

② ＿＿＿＿＿＿＿＿＿＿＿＿： 호흡에 의한 가스교환이 본질적으로 이루어지는 장소

③ ＿＿＿＿＿＿＿＿＿＿＿＿： 공기를 최대한 들이마시고 최대로 내쉬는 공기량

④ ＿＿＿＿＿＿＿＿＿＿＿＿： 폐포의 표면장력을 낮추어 폐포가 쉽게 확장되도록 유도하는 것

⑤ ＿＿＿＿＿＿＿＿＿＿＿＿： 폐의 용적과 용량에서 성인기보다 노인기에 비례적으로 증가하는 것

⑥ ＿＿＿＿＿＿＿＿＿＿＿＿： 폐활량(lung capacity)과 잔기량(residual cavity)의 합

⑦ ＿＿＿＿＿＿＿＿＿＿＿＿： 무호흡(apnea)과 호흡곤란이 교대로 일어나는 현상

⑧ ＿＿＿＿＿＿＿＿＿＿＿＿： 산소(O_2)의 운반을 담당하는 것

⑨ ＿＿＿＿＿＿＿＿＿＿＿＿： 흉강과 복강의 경계를 형성하는 근육성 막

⑩ ＿＿＿＿＿＿＿＿＿＿＿＿： 이산화탄소(CO_2)의 운반을 담당하는 것

⑪ ＿＿＿＿＿＿＿＿＿＿＿＿： 호흡중추(respiratory center)가 있는 곳

⑫ ＿＿＿＿＿＿＿＿＿＿＿＿： 산소(O_2)의 요구량이 가장 높은 기관

⑬ ＿＿＿＿＿＿＿＿＿＿＿＿： 윤상연골 하연에서 시작되는 약 10~12cm의 관

⑭ ＿＿＿＿＿＿＿＿＿＿＿＿： 주로 횡격막(diaphragm) 운동에 의한 호흡

⑮ ＿＿＿＿＿＿＿＿＿＿＿＿： 기관(trachea)을 형성하는 연골

⑯ ＿＿＿＿＿＿＿＿＿＿＿＿： 호흡 시 폐까지 가지 못하고 기관에 머무르는 공기의 용적

⑰ ＿＿＿＿＿＿＿＿＿＿＿＿： 가장 흔히 볼 수 있는 호흡운동의 형식

⑱ ＿＿＿＿＿＿＿＿＿＿＿＿： 심호흡을 계속하는 경우를 일컫는 말

⑲ ＿＿＿＿＿＿＿＿＿＿＿＿： 성인 남자의 1회 호흡량(tidal volume)

⑳ ＿＿＿＿＿＿＿＿＿＿＿＿： 가스교환에 참여하지 않고 공기통로의 역할을 함

해답(Answers)

02 주요 용어 익히기

1. ① 폐포관 ② 세기관지 ③ 점막 ④ 종격 ⑤ 분기부 ⑥ 표면장력 ⑦ 극간근 ⑧ 폐포압 ⑨ 폐계면활성제 ⑩ 무산소증 ⑪ 흉막 ⑫ 무호흡 ⑬ 벽측흉막 ⑭ 사강 ⑮ 잔기용적 ⑯ 복직근 ⑰ 폐문 ⑱ 사각근 ⑲ 세포호흡 ⑳ 저산소증

2. ① trachea ② bronchus ③ lungs ④ inspiration/exhalation ⑤ internal respiration ⑥ diaphragm ⑦ metabolism ⑧ airway/respiration tract ⑨ alveoli ⑩ vital capacity ⑪ dead space ⑫ capillary

2-1

① 비강(nasal cavity) ② 인두(pharynx) ③ 혀(tongue) ④ 후두(larynx) ⑤ 식도(esophagus) ⑥ 기관(trachea) ⑦ 우폐(right lung) ⑧ 좌폐(left lung) ⑨ 우기관지(right bronchus) ⑩ 좌기관지(left bronchus) ⑪ 횡격막(diaphragm)

2-2

① 연구개(soft palate) ② 후두(larynx) ③ 우폐상엽(superior lobe right lung) ④ 우폐중엽(middle lobe right lung) ⑤ 우폐하엽(inferior lobe right lung) ⑥ 횡격막(diaphragm) ⑦ 좌폐하엽(inferior lobe left lung) ⑧ 좌폐상엽(superior lobe left lung) ⑨ 기관(trachea) ⑩ 성대(vocal folds) ⑪ 혀(tongue) ⑫ 구강(oral cavity) ⑬ 경구개(hard palate) ⑭ 비강(nasal cavity)

2-3

[들숨근] ① 흉쇄유돌근(sternocleidomastoid m.) ② 외늑간근(external intercostal m.) ③ 횡격막(diaphragm)
[날숨근] ① 내늑간근(internal intercostal m.) ② 외복사근(external abdominal oblique m.) ③ 내복사근(internal abdominal oblique m.) ④ 횡복근(transverse abdominis) ⑤ 복직근(rectus abdominis m.)

2-4

① 들숨 시에는 횡격막(diaphragm)이 수축·하강하면 흉강은 아래쪽으로 늘어나고, 동시에 늑골이 외늑간근(external intercostal m.)의 수축에 의해 올라가며 흉강은 전방과 옆으로 넓어져 흉곽(thorax)이 늘어나서 폐에는 수동적으로 공기가 유입된다.
② 날숨 시에는 횡격막과 늑골이 원래의 위치대로 돌아가고, 폐의 탄력에 의해 폐 속의 공기가 나오게 된다. 들숨과 날숨은 연수(medulla oblongata)에 있는 호흡중추(respiratory center)의 신경조절에 의해 쉼 없이 계속되어 우리의 생명이 유지되는 것이다.

2-5

① 폐(lungs) ② 장측 흉막(visceral pleura) ③ 벽측 흉막(parietal pleura) ④ 흉막강(pleural cavity) ⑤ 일차기관지(primary bronchus) ⑥ 이차기관지(secondary bronchus) ⑦ 삼차기관지(tertiary bronchus) ⑧ 세기관지(bronchiole) ⑨ 종말세기관지(terminal bronchiole) ⑩ 심장절흔(cardiac notch) ⑪ 횡격막(diaphragm) ⑫ 분기부(carina) ⑬ 기관(trachea) ⑭ 후두(larynx)

2-6

외호흡(폐호흡)은 폐포(alveoli)와 그를 둘러싼 모세혈관(capillary) 사이에서 O_2와 CO_2의 분압차(농도차)에 의한 확산(diffusion) 현상으로 공기 중으로 CO_2를 내보내고 O_2를 받아들이는 작용을 말한다. 내호흡(세포호흡)은 폐포에서 받아들인 O_2를 혈액의 적혈구(red blood) 안에 있는 헤모글로빈이 세포 내 미토콘드리아로 운반해 주면 미토콘드리아에서 O_2를 이용하여 포도당(glucose)과 같은 영양분을 분해시켜 에너지를 얻고, 부산물인 CO_2는 혈장(plasma)이 받아서 모세혈관을 통해 폐포로 보내는 작용을 말한다.

2-7

① 우상엽(right superior lobe) ② 우중엽(right middle lobe) ③ 우하엽(right inferior lobe) ④ 좌상엽(left superior lobe) ⑤ 좌하엽(left inferior lobe) ⑥ 심장절흔(cardiac notch)

2-8

① 1회 호흡량(tidal volume) ② 날숨예비용적(expiratory reserve volume) ③ 들숨예비용적(inspiratory reserve volume) ④ 잔기용적(residual volume) ⑤ 들숨용량(inspiratory capacity) ⑥ 기능적 잔기용량(functional residual capacity) ⑦ 폐활량(vital capacity) ⑧ 총폐활량(total lung capacity)

연습문제 해답 I

1. ③	2. ⑤	3. ②	4. ⑤	5. ①	6. ①	7. ④	8. ②	9. ④	10. ②
11. ②	12. ②	13. ②	14. ③	15. ①	16. ②	17. ③	18. ④	19. ②	20. ④
21. ①	22. ②	23. ②	24. ①	25. ③	26. ①	27. ②	28. ①	29. ①	30. ③
31. ③	32. ⑤	33. ②	34. ③	35. ②	36. ②	37. ④	38. ②	39. ①	40. ②
41. ④	42. ③	43. ②	44. ①	45. ④	46. ④	47. ③	48. ④	49. ③	50. ③
51. ④	52. ②	53. ①	54. ①	55. ①	56. ⑤	57. ②	58. ④	59. ①	60. ③
61. ①	62. ④	63. ③	64. ④	65. ③	66. ⑤	67. ④	68. ②	69. ①	70. ①
71. ③	72. ①	73. ⑤	74. ③	75. ③	76. ②	77. ②	78. ①	79. ①	80. ①

연습문제 해답 II

① 횡격막(diaphragm)　② 폐포(alveolus)　③ 폐활량(lung capacity)　④ 계면활성제(surfactant)　⑤ 잔기용적(residual volume)　⑥ 총폐활량(total lung capacity)　⑦ 체인−스톡스(Cheyne−Stokes) 호흡　⑧ 적혈구(erythrocyte) 또는 헤모글로빈(hemoglobin)　⑨ 횡격막(diaphragm)　⑩ 혈장(plasma)　⑪ 연수(medulla oblongata)　⑫ 뇌(brain)　⑬ 기관(trachea)　⑭ 복식호흡(abdominal respiration)　⑮ 초자연골(hyaline cartilage)　⑯ 무효공간(dead space)용적　⑰ 흉식호흡(thoracic respiration)　⑱ 과도호흡(hyperpnea)　⑲ 500cc 또는 500ml　⑳ 전도구역(conducting zone)

제3장

발성과 조음의 해부와 생리

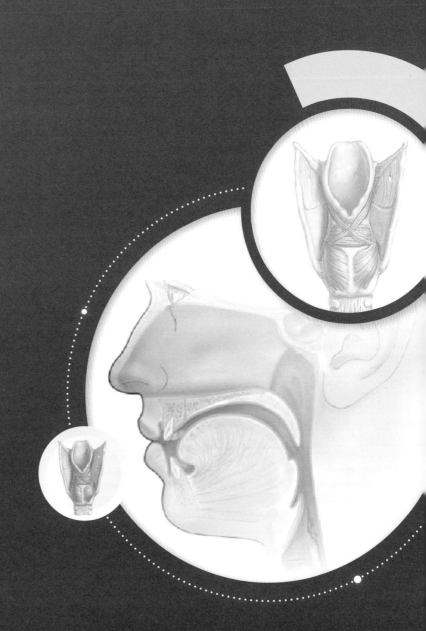

03 주요 용어 익히기

1. 다음 용어를 국문으로 바꾸시오.

① vocal ligament _____

② aryepilottic folds _____

③ digastric m. _____

④ corniculate cartilage _____

⑤ thyroarytenoid m. _____

⑥ laryngeal vestibule _____

⑦ falsetto _____

⑧ velopharyngeal port _____

⑨ mylohyoid m. _____

⑩ pharyngeal cavity _____

⑪ palatoglossus m. _____

⑫ mucous membrane _____

⑬ epithelium _____

⑭ lateral cricoarytenoid m. _____

⑮ laryngectomy _____

⑯ laryngeal prominence _____

⑰ pyriform sinus _____

⑱ superficial layer _____

⑲ crocothyroid muscle _____

⑳ strap muscle _____

2. 다음 용어를 영문으로 바꾸시오.

① 후두 _____

② 성도 _____

③ 성대근 _____

④ 피열연골 _____

⑤ 가성대 _____

⑥ 성문 _____

⑦ 내전 _____

⑧ 비강 _____

⑨ 연구개 _____

⑩ 성문하압 _____

⑪ 갑상연골 _____

⑫ 조음 _____

[3-1]은 후두의 위치를 보여 준다. 번호에 알맞은 명칭을 구분하시오.

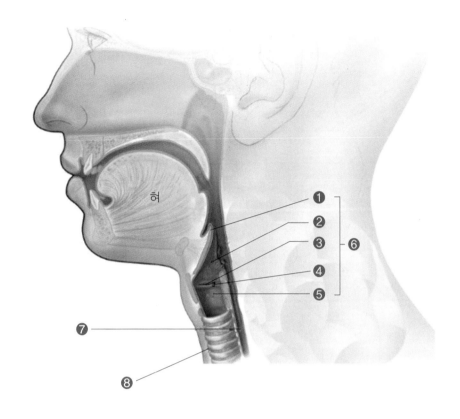

혀

❶ _____ ❷ _____

❸ _____ ❹ _____

❺ _____ ❻ _____

❼ _____ ❽ _____

어원으로 익히는 전문용어

부정의 접두사 a—는 'not'을, 어근 −graph는 '쓰기(writing)' 또는 기록(record)을, 접미사 −ia는 '증세'를 의미한다. 따라서 agraphia[eɪˈɡræfɪə]는 '실서증'을 의미한다.

유사한 예) dysgraphia(접두사 dys− '악화' 또는 '불량' + graph '쓰기' + ia '증상') = 난서증, 쓰기장애

접두사 epi−는 '위에' 또는 '더하여'를, 어근 −lepsy는 '발작(seizure)'을 의미한다. 따라서 epilepsy는 '간질'을 의미한다.

유사한 예) epilogue(접두사 epi− + 어근 −log '말') = 후기, 맺음말

[3-2]는 후두의 전면을 보여 주고 있다. 번호에 알맞은 명칭을 구분하시오.

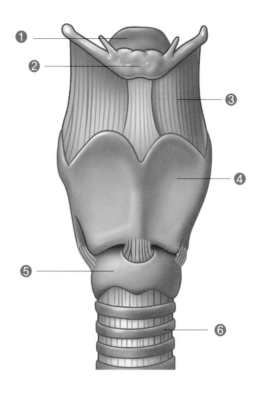

❶ _____   ❹ _____

❷ _____   ❺ _____

❸ _____   ❻ _____

어원으로 익히는 전문용어

어근 pector―는 '가슴'을, 접미사 ―al은 '~의(pertaining to)'를, 어근 reflex는 '반사'를 의미한다. 따라서 pectoral reflex 는 '흉근반사'를 의미한다.

유사한 예) pectoralis minor muscle(어근 pector― + 어미 ―lis[라틴어] '~의', 어근 minor '작은', 어근 muscle) = 소흉근

어근 trache―는 '기관'을 + 결합형 모음 ―o―를, 어근 tom―는 '절단(cut)'을 의미한다. 따라서 tracheotomy는 '기관절개 술'을 의미한다.

유사한 예) tracheobronchitis(어근 trache '기관' + 결합형 모음 ―o― + 어근 bronchi '가지' + 접미사 ―itis '염증') = 기 관지염

[3-3]은 후두의 후면을 보여 주고 있다. 번호에 알맞은 명칭을 구분하시오.

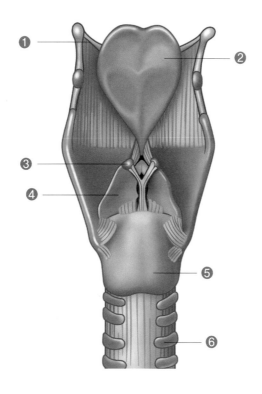

❶ _____ ④ _____

❷ _____ ⑤ _____

❸ _____ ⑥ _____

어원으로 익히는 전문용어

어근 ventr-는 '복부' 또는 '배'를, 접미사 -al은 '~의(pertaining to)'를, 어근 nuclei는 '핵'을 의미한다. 따라서 ventral nuclei는 '배쪽 핵'을 의미한다.

유사한 예) ventral surface(어근 ventr- + -al, 어근 surface) = 복측 면, 배측 면 ⇔ dorsal surface '등쪽 면'

어근 pulmon-은 '폐'를, 접미사 -ary는 '~의(pertaining to)'를, 어근 edema는 '부종'을 의미한다. 따라서 pulmonary edema는 '폐부종'을 의미한다.

유사한 예) pulmonary pressure(어근 pulmon- + 접미사 -ary, 어근 pressure) = 폐압

[3-4]는 뒤에서 본 후두내근을 보여 준다. 번호에 알맞은 명칭을 구분하시오.

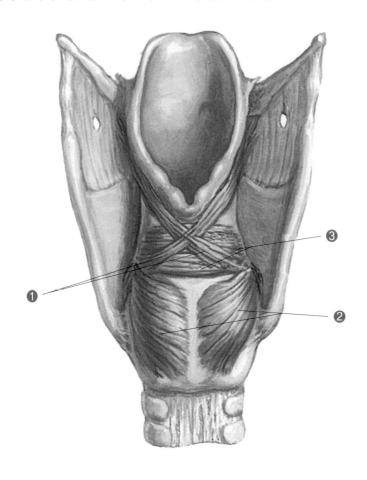

❶ _____   ❷ _____

❸ _____

어원으로 익히는 전문용어

접두사 epi−는 '위'를, 어근 −dermis는 '진피'를 의미한다. 따라서 epidermis는 '표피'를 의미한다.
유사한 예) epidermitis(접두사 epi− + 어근 derm− + 접미사 −itis) = 표피염

어근 hem(o)−는 '혈액'을, 어근 −philia는 '사랑'를 의미한다. 따라서 hemophilia는 '혈우병'을 의미한다.
유사한 예) hemodynamics(어근 hem− 결합형 모음(o) + 어근 dialysis '투석') = 혈액투석

[3-5]는 후두외근(extrinsic laryngeal muscles)을 보여 주고 있다. 번호에 알맞은 명칭을 구분하시오. ([1-18]과 비교해 보시오.)

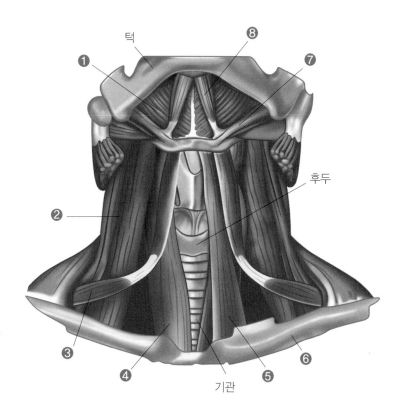

① _____   **②** _____

③ _____   **④** _____

⑤ _____   **⑥** _____

⑦ _____   **⑧** _____

어원으로 익히는 전문용어

어근 encephal–는 '뇌(brain)'을, 접미사 –itis는 '염증(inflammation)'을 의미한다. 따라서 encephalitis는 '뇌염'을 의미한다.

유사한 예) encephalography(어근 encephal + 결합형 모음(o) + graphy '기록') = 뇌조영술

[3~6]은 앞에서 본 후두의 연골을 보여 주고 있다. 번호에 알맞은 명칭을 구분하시오.

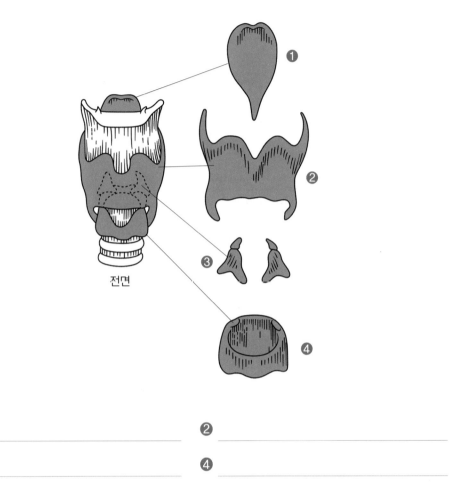

전면

❶ _____   ❷ _____

❸ _____   ❹ _____

mania vs. maniac

sportsmania '스포츠에 대한 광기' vs. sportsmaniac '스포츠에 빠진 사람'

megalomania '과대망상증' vs. megalomaniac '과대망상증환자'

erotomania '(남,녀) 색정광', 성욕이상 vs. erotomaniac (남녀) 성욕이상자

nympomania (여자를 탐하는) 색정광, 성욕이상 vs. nympomaniac 성욕이상자

demonomania 귀신망상 vs. demonmanic 귀신망상자

kleptomania 병적 도벽 vs. kleptmaniac 병적 도벽자

pyromania 병적 방화 vs. pyromaniac 방화광, 방화미치광이

[3-7]은 후두의 절단면(관상면)을 보여 준다. 번호에 알맞은 명칭을 구분하시오.

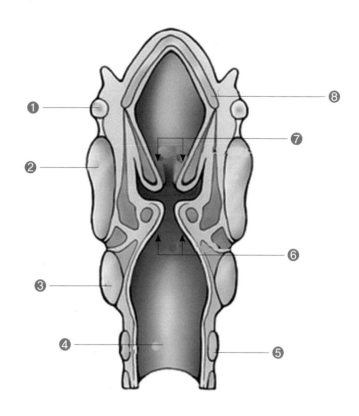

❶ _____ ❷ _____

❸ _____ ❹ _____

❺ _____ ❻ _____

❼ _____ ❽ _____

어원으로 익히는 전문용어

접두사 meso-는 '중간의'를, 어근 –thelium은 '피부(skin)'를 의미한다. 따라서 mesothelium은 '(피부의) 중피'를 의미한다. cf. epithelium '(피부의) 상피'

유사한 예) mesoderm(meso- + derm '배엽') = 중배엽

어근 tympan(o)-는 '고막'을, 어근 –plasty는 '성형술'을 의미한다. 따라서 tympanoplasty는 '고막성형술'을 의미한다.

유사한 예) tympanometry(tympan + 결합형 모음(o) + metry '측정') = 고실계측

[3-8]은 위에서 본 후두(larynx)의 구조를 보여 준다. 번호에 알맞은 명칭을 구분하시오.

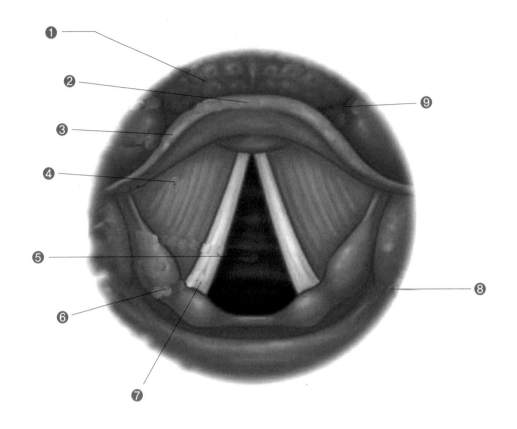

❶ _____ ❷ _____

❸ _____ ❹ _____

❺ _____ ❻ _____

❼ _____ ❽ _____

❾ _____

어원으로 익히는 전문용어

어근 morph-는 '형태(shape, form)'를, 접미사 -ology는 'study of'를 의미한다. 따라서 morphology는 [의학] '형태학'을 의미한다.

유사한 예) morphophonology(어근 morph + 결합형 모음 -o- + phon '소리(sound)' + -ology 'study of') = [언어학] 형태음운론

[3-9]는 성문(glottis)의 도해와 실물을 비교하고 있다. 번호에 알맞은 명칭을 구분하시오.

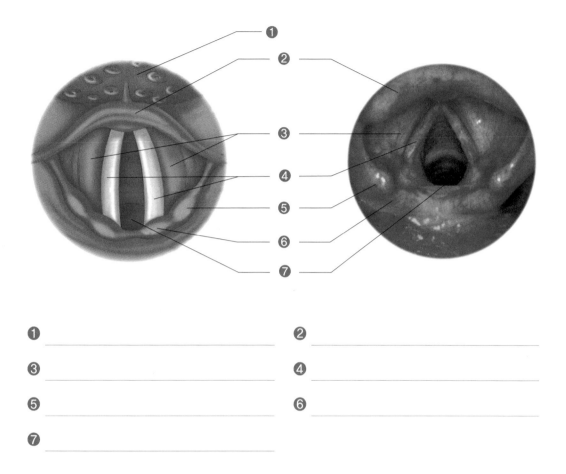

❶ _____   ❷ _____

❸ _____   ❹ _____

❺ _____   ❻ _____

❼ _____

어원으로 익히는 전문용어

접두사 orth-는 '곧은'을, 어근 ped-는 '발(foot)'을 의미한다. 따라서 orthopedics는 '정형외과'를 의미한다.

유사한 예) orthodontics(어근 orth '곧은' + 어근 don는 '이') = 치열교정

어근 opt(o)-는 '눈'을, 어근 -metr는 '측정'을, 접미사 -ist '사람'을 의미한다. 따라서 optometrist는 '검안사'를 의미한다.

유사한 예) optician(어근 opto + 접미사 -ian '사람') = 안경사

cf. opthalmologist '안과의사' = eye doctor

[3-10]은 측면에서 본 후두의 구조와 미주신경의 분지를 보여 주고 있다. 번호에 알맞은 명칭을 구분하시오.

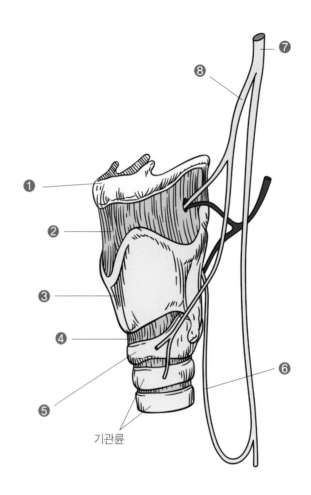

기관륜

❶ _____ **❷** _____

❸ _____ **❹** _____

❺ _____ **❻** _____

❼ _____ **❽** _____

[3-11]은 성대(vocal folds)의 층 구조를 보여 준다. 번호에 알맞은 명칭을 구분하시오.

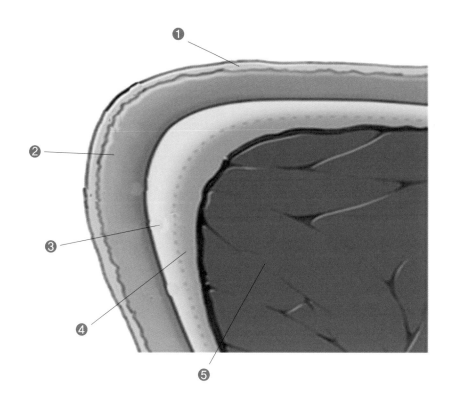

❶ _____   ❷ _____

❸ _____   ❹ _____

❺ _____

어원으로 익히는 전문용어

접두사 malign—은 '악성의'를, 어근 tumor '종양'을 의미한다. 따라서 malign tumor는 '악성 종양'을 의미한다. malign ⇔ benign '양성의'
유사한 예) malignt cell(접두사 malign + 어근 cell '세포') = 악성 세포

어근 naso—는 '코'를, 어근 –gastro는 '위(stomach)'를 의미한다. 따라서 nasogastric tube는 '비위관'을 의미한다.
유사한 예) gastritis(어근 gastr '위' + 접미사 –itis '염증') = 위염

[3–12]는 조음기관(articulatory organ)을 보여 주고 있다. 번호에 알맞은 명칭을 구분하시오.

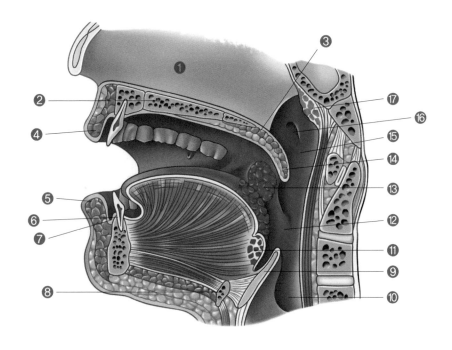

❶ _____ ❷ _____

❸ _____ ❹ _____

❺ _____ ❻ _____

❼ _____ ❽ _____

❾ _____ ❿ _____

⓫ _____ ⓬ _____

⓭ _____ ⓮ _____

⓯ _____ ⓰ _____

⓱ _____

[3–13]은 구강음(oral sounds)과 비강음(nasal sounds)이 만들어지는 과정을 보여 주고 있다. 번호에 알맞은 명칭을 구분하시오.

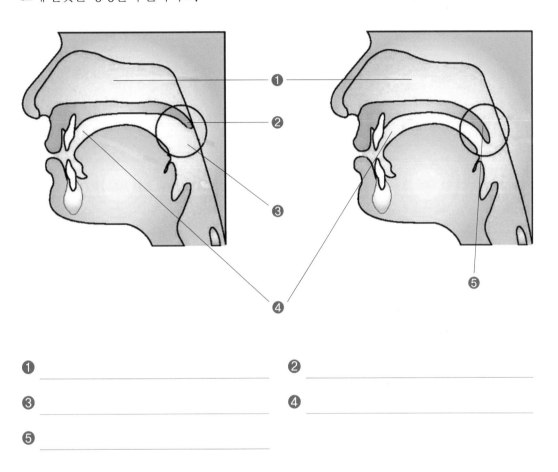

❶ _____   ❷ _____

❸ _____   ❹ _____

❺ _____

어원으로 익히는 전문용어

접두사 ana–는 '위로'를, 어근 –tom '자르다(cut)'를 의미한다. 따라서 anatomy는 '해부학'을 의미한다.
유사한 예) laryngectomy(접두어 laryng– '후두' + 어근 tom(y) '자르다') = 후두절제술

접두사 di– '둘(two)'을, 어근 sect– '자르다'(cut)을 의미한다. 따라서 dissection은 '절개'를 의미한다.
유사한 예) Caesarean section = 제왕절개(전설에 의하면 줄리어스 시저 황제가 이와 같은 방법으로 태어났다고 한다.)

어근 immun–는 '보호' 또는 '면역'을, 접미사 –ology는 'study of'를 의미한다. 따라서 immunology는 '면역학'을 의미한다.
유사한 예) autoimmune disease(접두사 auto–는 '자기(self)'를 어근 –immune, 어근 disease '질병') = 자가면역질환

[3-14]는 조음위치(place of articulation)를 보여 주고 있다. 번호에 알맞은 명칭을 구분하시오.

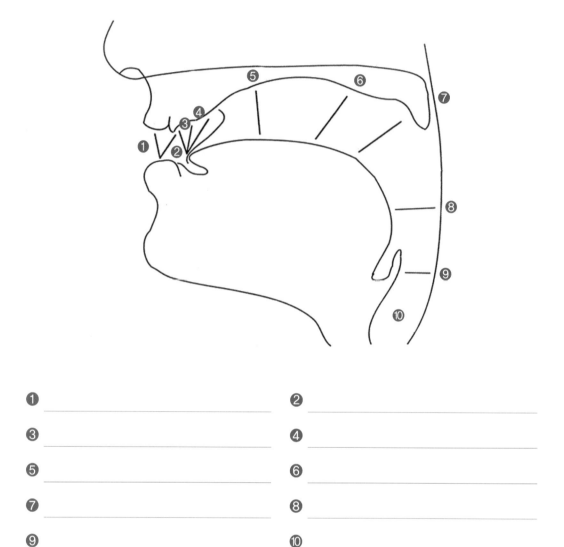

❶ _____   ❷ _____

❸ _____   ❹ _____

❺ _____   ❻ _____

❼ _____   ❽ _____

❾ _____   ❿ _____

어원으로 익히는 전문용어

접두사 tachi-는 '빠른'을, 어근 –cardia는 '심장'을 의미한다. 따라서 tachicardia는 '빈맥' 또는 '심계항진'을 의미한다.
유사한 예) bradycardia(접두사 brady 'slow' + cardia) = '(심장이 느리게 뛰는) 서맥'

어근 lumb-는 '허리'를, 접미사 –odynia '동통' 또는 '통증'을 의미한다. 따라서 lumbodynia는 '요통'을 의미한다.
유사한 예) lumbar nerve(어근 lumb- + 접미사 –ar '~의', 어근 nerve '신경') = 요신경

[3-15]는 한국어의 자음차트이다. 번호에 알맞은 명칭을 구분하시오.

방법 \ 위치	순음 labial	치조음 alveolar	구개음 palatal	연구개음 velar	후음 glottal
파열음 plosive	❶	❷		❸	
파찰음 affricate			❹		
마찰음 fricative		❺			❻
비음 nasal	❼	❽		❾	
유음 liquid		❿			
반모음 semivowel	⓫		⓬		

❶ _____

❷ _____

❸ _____

❹ _____

❺ _____

❻ _____

❼ _____

❽ _____

❾ _____

❿ _____

⓫ _____

⓬ _____

어원으로 익히는 전문용어

접두사 peri-는 '~주위의' 또는 '바깥의'를, 어근 cardi- '심장(heart)'을, 접미사 -um은 '구조'를 의미한다. 따라서 pericardium은 '심낭막'을 의미한다.

유사한 예) perilymph(접두사 peri- + 어근 -lymph '림프') = 외림프 ⇔ 내림프(endolymph)

[3-16]은 한국어의 모음차트이다. 번호에 알맞은 명칭을 구분하시오.

높이＼위치	전설(front)		중설(central)		후설(back)	
	비원순	원순	비원순	원순	비원순	원순
고모음(high)	❶		❹			❻
higher-mid						❼
중모음(mid)	❷		❺			
lower-mid	❸					
저모음(low)					❽	

❶ _____   ❷ _____

❸ _____   ❹ _____

❺ _____   ❻ _____

❼ _____   ❽ _____

발성과 조음 관련 질병 명칭

발성장애 dysphonia   기질적 발성장애 organic dysphonia   후두개염 epiglottitis

근긴장성 발성장애 muscle tension dysphonia   후두염 laryngitis   후두암 laryngeal cancer

연축성 발성장애 spasmodic dysphonia   성대기능장애 vocal dysfunction   성대낭종 vocal cyst

후두횡격막(증) laryngeal web/webbing   기능적 발성장애 functional dysphonia   성대구증 vocal sulcus

후두혈관종 laryngeal hemangioma   성대용종 vocal polyp   성대결절 vocal nodule

후두연화증 laryngomalacia   후두유두종 laryngeal papilloma   라인케씨 부종 Reinke's edema

후두천명 laryngeal stridor   후두개낭종 epiglottic cyst   접촉성 육아종 contact granuloma

[3-17]은 한국어의 특정 자음이 산출될 때의 조음과정을 나타낸 것이다. 두 개의 자음이 어떤 자음인지 식별하고 그 근거를 약술하시오. 단, 성대의 진동을 보여 주는 단서가 없으므로 유성음과 무성음은 구별할 수 없다.

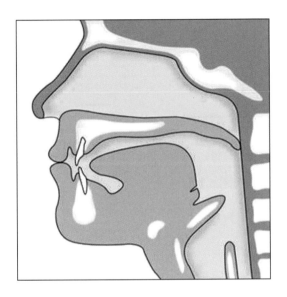
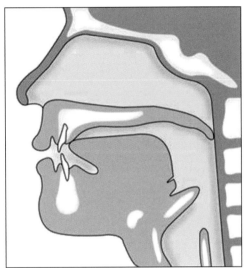

❶ _____

_____

❷ _____

_____

발성과 조음 관련 질병 명칭(계속)

성대진전/성대떨림 vocal tremor   구개파열 cleft palate   구순구개열 cleft lip and palate

공명장애 resonance disorders   이중음성 diplophonia   역류성식도염 reflux esophagitis

음운장애 phonological disorders   조음장애 articulation disorders   과소비성 hyponasality

말더듬 stuttering = 유창성 장애 fluency disorders   변성장애/변성발성장애 mutational voice disorde

과대비성 hypernasality

어근 osteo—는 '뼈'를, 접미사 –malacia는 '연화'를 의미한다. 따라서 osteomalacia는 '골연화'를 의미한다.

유사한 예) laryngomalacia(어근 laryngo + 접미사 –malacia') = 후두연화증

[3-18]은 한국어의 특정 자음이 산출될 때의 조음과정을 나타낸 것이다. 두 개의 자음이 어떤 자음인지 식별하고 그 근거를 약술하시오. 단, 성대의 진동을 보여 주는 단서가 없으므로 유성음과 무성음은 구별할 수 없다.

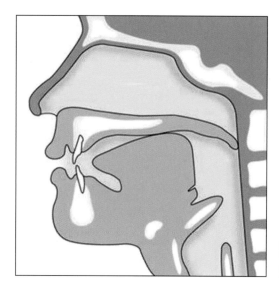 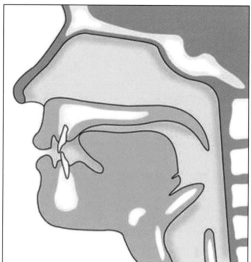

❶ _____

_____

❷ _____

_____

어원으로 익히는 전문용어

접두사 mono−는 "하나(one)'를, 어근 −tone은 '음조'를 의미한다. 따라서 monotone은 '단음조'를 의미한다.
유사한 예) monotherapy(접두사 momo− '하나' + 어근 therapy '요법') = 단일요법

부정의 접두사 a(n)− 'not'을, 어근 osmia−는 '냄새'를 의미한다. 따라서 anosmia는 '무후각증' 또는 '후각상실증'을 의미한다.
유사한 예) dysosmia(부정의 접두사 dys− + osmia '냄새') = 후각장애, 후각부전증

연습문제 I

1. 한국인 성인남성의 성도(vocal tract)의 길이는?

① 13cm   ② 15cm

③ 17cm   ④ 19cm

⑤ 21cm

■ 성인여성의 성도는 성인남성의 5/6이다.

2. 성인남성과 성인여성의 성대(vocal folds) 길이로 적합한 것은?

① 남성 2.5cm, 여성 2cm

② 남성 3cm, 여성 2.5cm

③ 남성 2cm, 여성 1.5cm

④ 남성 3.5cm, 여성 3cm

⑤ 남성 1.8cm, 여성 1.5cm

3. 성대돌기가 위치하여 발성과 관계가 있는 연골은?

① 갑상연골   ② 윤상연골

③ 피열연골   ④ 설상연골

⑤ 소각연골

■ 피열연골은 윤상연골 위에 얹혀 있는 1쌍의 연골이다.

4. 후두연골(laryngeal cartilages)에 속하지 않는 것은?

① 윤상연골   ② 기관연골

③ 피열연골   ④ 소각연골

⑤ 후두개연골

■ 후두연골(laryngeal cartilages)은 6종 9개이다. 피열연골·소각연골·설상연골은 쌍으로 되어 있고, 갑상연골·윤상연골·후두개연골은 단일 연골이다.

5. 다음 중 후두융기(laryngeal prominence)를 형성하는 연골은?

① 피열연골   ② 윤상연골

③ 소각연골   ④ 갑상연골

⑤ 후두개연골

■ 갑상연골은 가장 크고 중앙에 있으며, 좌우판과 상하각으로 구성되어 있다. 성인남자의 경우 좌우판 접합부가 유난히 튀어나와 이를 후두융기라 한다.

6. 후두내근이 아닌 것은?

① 피열간근   ② 후윤상피열근

③ 갑상설골근   ④ 윤상갑상근

⑤ 갑상피열근개

7. 후두외근이 아닌 것은?

① 흉골설골근   ② 흉골갑상근

③ 경상설골근   ④ 성대근

⑤ 턱끝설골근

8. 성대를 내전시키는 데 기여하는 근육은?

① 윤상갑상근   ② 후윤상피열근

③ 외측윤상피열근   ④ 갑상피열근

⑤ 피열사근

9. 성인의 설골(hyoid bone)의 위치로 옳은 것은?

① 제1번 경추(C1)   ② 제2번 경추(C2)

③ 제3번 경추(C3)   ④ 제5번 경추(C5)

⑤ 제7번 경추(C7)

10. 인두(pharynx)와 교통하지 않는 것은?

① oral cavity   ② auditory tube

③ larynx   ④ esophagus

⑤ orbit

■ 이관은 인두와 중이를 연결하여 중이 속의 압력을 유지해 준다.

11. 성대주름의 긴장도와 직접적인 관계가 있는 연골은?

① thyroid cartilage   ② cricoid cartilage

③ arytenoid cartilage   ④ epiglottic cartilage

⑤ corniculate cartilage

12. 성대(vocal folds)의 정식 명칭은?

① 내측갑상피열근

② 외측갑상피열근

③ 외측윤상갑상근

④ 내측윤상갑상근

⑤ 피열간근

13. GRBAS에 대한 설명으로 옳은 것은?

① 음성의 질에 관한 평정법이다.

② 소리 크기에 대한 지각적 평정법이다.

③ 높낮이에 대한 평정법이다.

④ 가성(falsetto)에 대한 평정법이다.

⑤ 음성의 과기능성에 대한 주관적인 평정법이다.

14. 성대돌기(vocal process)가 있어 발성과 관계있는 1쌍의 삼각추 모양의 연골은?

① thyroid cartilage
② cricoid cartilage
③ arytenoid cartilage
④ epiglottic cartilage
⑤ corniculate cartilage

▌피열연골은 윤상연골 위에 얹혀 있는 1쌍의 작은 연골로서 앞쪽으로 튀어나온 성대돌기를 갖고 있다.

15. 진성대의 몸체를 형성하는 후두내근은?

① posterior cricoarytenoid m.
② lateral cricoarytenoid m.
③ thyroarytenoid m.
④ cricothyroid m.
⑤ cricoarytenoid m.

16. 하품-한숨법(yawn-sigh technique)은 어떤 음성장애의 치료에 사용하는가?

① 노인성 음성
② 가성대발성
③ 편측성 성대마비
④ 성대구증
⑤ 접촉성 궤양

▌하품-한숨법은 과기능성 발성장애의 치료에 유용하다.

17. 음성평가에 관한 용어의 설명으로 옳게 짝지은 것은?

Jitter	Shimmer

① 파장 길이의 불규칙성 파장 크기의 불규칙성
② 파장 길이의 불규칙성 파장 모양의 불규칙성
③ 파장 크기의 불규칙성 파장 모양의 불규칙성
④ 파장 모양의 불규칙성 파장 크기의 불규칙성
⑤ 파장 모양의 불규칙성 파장 길이의 불규칙성

18. 후두의 연골 가운데서 가장 큰 것은?

① cricoid cartilage
② arytenoid cartilage
③ thyroid cartilage
④ corniculate cartilage
⑤ epiglottic cartilage

19. 입천장인 구개(palate)를 구성하는 뼈는?

가. 상악골	나. 하악골
다. 구개골	라. 접형골

① 가, 나, 다
② 가, 다
③ 나, 라
④ 라
⑤ 가, 나, 다, 라

20. 말소리의 높낮이(즉, 피치)와 관련이 있는 후두근육은?

① 성대근
② 후윤상피열근
③ 피열간근
④ 윤상갑상근
⑤ 사피열근

21. 성대의 긴장 정도와 밀접한 관련이 있는 GRBAS 평가항목은?

① R
② A
③ B
④ S
⑤ G

22. 음성의 듣기평가 결과를 객관적으로 기술하기 위하여 "GRBAS"가 흔히 사용되고 있다. 여기서 R과 B가 나타내는 음성의 요소는?

① Rigid Breathy
② Rough Blocking
③ Rigid Blocking
④ Rough Breathy
⑤ Rough Blocking

23. 성대의 후두연골 중 짝을 이루고 있는 것은?

① cricoid cartilage
② arytenoid cartilage
③ thyroid cartilage
④ epiglottis
⑤ no answer

▌쌍을 이루는 연골로는 피열연골, 소각연골, 설상연골이 있다.

24. 성대근육의 두께와 가장 관련이 있는 측정치는?

① vital capacity
② intensity
③ shimmer
④ fundamental frequency(F0)
⑤ voice quality

25. 음성 평가항목 중 객관성이 가장 낮은 것은?

① F0
② intensity
③ s/z ratio
④ voice quality
⑤ jitter

26. 음성측정기 중 성대의 움직임을 가장 정확히 관찰할 수 있는 것은?

① Pitch analyzer
② Stroboscope
③ Electroglottograph
④ Pneumograph
⑤ Nasometerb

27. 후두연골 중 성인남성과 성인여성의 갑상연골각으로 옳은 것은?

① 남성 110°, 여성 120°
② 남성 100°, 여성 110°
③ 남성 90°, 여성 120°
④ 남성 80°, 여성 90°
⑤ 남성 90°, 여성 110°

28. 상후두신경(superior laryngeal n.)의 지배를 받는 후두내근은?

① cricothyroid m.　　② posterior cricoid m.
③ lateral arytenoid m.　④ thyroarytenoid m.
⑤ cricoarytenoid m.

■ 윤상갑상근은 상후두신경의 지배를 받지만 나머지 근육들은 반회 또는 되돌이후두신경의 지배를 받는다.

29. 성대를 이완시키는 성대내근은?

① thyroarytenoid m.　② vocalis m.
③ cricothyroid m.　　④ pars oblique m.
⑤ lateral cricoarytenoid m.

30. 공명자음(resonant consonants)으로만 묶인 것은?

① [b, m, n, o, r]　　② [g, r, p, g, z]
③ [d, m, l, n, r]　　④ [b, m, r, u, z]
⑤ [m, n, e, l, r]

31. 사춘기 동안에 흔히 발생하는 음성장애의 음향학적 측면은?

① pitch　　　　　　② formant frequency
③ vowel duration　　④ loudness
⑤ speech rate

32. 말소리의 오용이나 남용과 관계가 없는 것은?

① vocal nodule
② vocal polyp
③ unilateral vocal paralysis
④ contact ulcers
⑤ ③과 ④

33. 후두의 내부 근육 통제에 관여하고 있기 때문에 그 손상이 성대의 마비를 유발할 수 있는 뇌신경은?

① CN V　　② CN VII　　③ CN X
④ CN XII　　⑤ CN VI

34. 다음 중 음성장애를 평가하는 GRBAS 척도 가운데 각각의 알파벳 약자가 의미하는 것은?

R	B	A	S
① Rough	Breathy	Asthenic	Strained
② Rough	Blocking	Adducted	Spastic
③ Rigid	Blocking	Asthenic	Strained
④ Rigid	Breathy	Adducted	Spastic
⑤ Rough	Breathy	Abducted	Strained

35. 후두(larynx)에 대한 설명이다. 옳지 않은 것은?

① 제4~6경추 높이에 위치한다.
② 공기의 통로 및 발성기로 작용한다.
③ 벽은 9쌍의 후두연골이 뼈대를 이루고 있다.
④ 불규칙한 원통형 구조로 내부에는 후두강이 형성되어 있다.
⑤ 후두연골 가운데 가장 큰 것은 갑상연골이다.

■ 후두는 인두와 기관 사이의 약 4cm 정도 부위로, 벽은 9개의 후두연골이 뼈대를 이루고 있다.

36. 성대결절(vocal nodule)의 특징으로 적당하지 않은 것은?

① 기식음(breathy voice)이 있다.
② 피치가 높아지는 경향이 있다.
③ 저녁시간이 되면 음성이 호전되는 경향을 보인다.
④ 잦은 기침이 나오는 경향이 있다.
⑤ 발성 시 고통이 따를 수 있다.

37. 공명기관이 아닌 것은?

① 비인두강　　　　② 비강
③ 구인두강　　　　④ 식도강
⑤ 구강

38. 직업적 음성사용자로 보기 어려운 직업은?

① 극작가　　② 아나운서
③ 가수　　　④ 목사
⑤ 언어치료사

39. 과소비성(hyponasality)을 초래하는 질환이 아닌 것은?

① 알레르기성 비염
② 연구개마비
③ 아데노이드 편도선염
④ 후비공 폴립
⑤ 답 없음

40. 공명장애(resonance disorder)와 가장 관련이 큰 것은?

① 연구개　　　　　② 성대
③ 턱　　　　　　　④ 혀
⑤ 경구개

41. 음성 산출 시 후두외근(extrinsic laryngeal m.)의 역할은?

① 성대의 외전　　② 성대의 내전
③ 강도의 조절　　④ 피치의 조절
⑤ 음질의 조절

42. 성대 과잉사용으로 인해 주로 산출되는 음성은?

① 강한 음성
② 목쉰 음성
③ 피치에 문제가 있는 음성
④ 콧소리가 심한 음성
⑤ 약한 음성

43. 야구경기장에서 고함을 많이 치는 사람에게 자주 나타나고, 위산 역류 현상과도 관련이 있는 음성장애는?

① 접촉궤양(contact ulcer)
② 성대구증(vocal sulcus)
③ 후두횡격막(laryngeal web)
④ 성대결절(vocal nodule)
⑤ 후두염(laryngitis)

44. 가성(falsetto) 발성 시 성대 상태에 대한 설명으로 옳은 것은?

① 성대의 두께가 얇아진다.
② 성대의 두께가 두꺼워진다.
③ 성대의 길이가 짧아진다.
④ 성대에는 특별한 변화가 없다.
⑤ 성대의 긴장이 이완된다.

45. 다음 중 음성치료가 가장 효과적인 성대질환은?

① 만성후두염
② 후두암
③ 성대구증
④ 유두종
⑤ 성대결절

46. 변성발성장애(mutational dysphonia)의 원인에 해당하는 것은?

① 호르몬의 변화
② 사고로 인한 외상
③ 음성의 오용 및 남용
④ 지속적인 후두근의 긴장
⑤ 지나친 흡연

47. 성대 양쪽에 막이 형성되어 심하면 호흡곤란을 초래할 수 있는 음성장애는?

① 후두횡격막
② 혈관종
③ 유두종
④ 삽관육아종
⑤ 성대구증

48. 후두강(laryngeal cavity)에 대한 설명이다. 옳은 것으로 조합된 것은?

> 가. 후두강에는 성대주름과 실주름이 있다.
> 나. 좌우 성대주름 사이를 성문열이라 한다.
> 다. 성대주름은 일명 진성대라고도 한다.
> 라. 성대주름 상방은 후두전정이라고 한다.

① 가, 나, 다 ② 가, 다 ③ 나, 라
④ 라 ⑤ 가, 나, 다, 라

■ 실주름과 성대주름 사이는 후두실(laryngeal ventricle),그리고 성대주름 하방은 성문하강(infraglottic cavity)이라고 한다.

49. 성대의 내전이 견고하지 않을 때 산출되는 말소리는?

① 거친 말소리 ② 억압된 말소리
③ 기식화된 말소리 ④ 이중음성
⑤ 떨림 소리

50. 음성장애를 평가할 때 성문을 통해 나가는 공기의 양을 검사함으로써 알 수 있는 것은?

① 성대의 저항
② 성대의 움직임 유형
③ 성대의 상하 위치
④ 성대의 두께
⑤ 성대의 크기

51. 후두의 기능이 아닌 것은?

① 호흡 ② 발성
③ 기도 보호 ④ 흉곽 고정
⑤ 머리 고정

52. 변성기 가성의 음성이 보이는 주요 문제는?

① 모음의 길이 ② 포먼트
③ 소리의 크기 ④ 피치
⑤ 거친 음성

53. 아담스 애플(Adam's apple) 또는 후두융기는 후두연골 중 어느 것을 일컫는가?

① 피열연골
② 갑상연골
③ 윤상연골
④ 후두개연골
⑤ 소각연골

■ (   )은 가장 크고 중앙에 있으며, 좌우판과 상하각으로 구성되어 있다. 성인남자의 경우 좌우판 접합부가 유난히 튀어나와 있다.

54. 음원-여과기(source-filter) 이론에서 여과기에 해당하는 신체기관은?

① vocal folds ② vocal tract
③ lungs ④ tongue
⑤ pharynx

55. 성대의 여닫힘을 설명하는 이론은?

① Bernoulli's effect
② Boyle's law
③ Talbot effect
④ Fourier's law
⑤ Ohm's law

56. 연구개를 상승시켜 주는 근육은?

① 구개범장근 ② 구개설근
③ 구개인두근 ④ 구개거근
⑤ 구개범장근과 구개거근

57. 비강음을 만드는 데 가장 크게 기여하는 근육은?

① 경구개 ② 연구개 ③ 구개수
④ 구개편도 ⑤ 설편도

58. 말소리의 음가를 결정하는 데 가장 관계가 적은 것은?

① 공명강 크기와 모양의 차이
② 성대 긴장도의 차이
③ 성대 두께 차이
④ 성도 길이의 차이
⑤ 기류의 세기 차이

59. 모음의 분류방법으로 적합하지 않은 것은?

① 혀의 높이 ② 혀의 전후 위치
③ 혀의 접촉점 ④ 입술의 둥근 정도
⑤ 성대의 떨림 여부

60. 전설모음(front vowels)끼리 묶은 것은?

① /애, 에, 이/ ② /이, 우, 아/
③ /에, 어, 오/ ④ /아, 애, 이/
⑤ /이, 으, 아/

61. 장해음(obstruent sounds)끼리 묶은 것은?

① 마찰음과 공명음
② 파열음과 파찰음
③ 비음과 마찰음
④ 설측음과 마찰음
⑤ 파열음과 비음

62. 유성음 사이에서 유성음화(voicing)가 되는 한국어의 음소는?

① /ㄷ/ ② /ㅉ/ ③ /ㄹ/
④ /ㅁ/ ⑤ /ㅃ/

63. 비강(nasal cavity)의 기능이 아닌 것은?

① 공기의 가온, 가습
② 공명작용
③ pH 조절
④ 먼지 제거
⑤ 후각 감지

64. 후설모음(back vowels)끼리 묶은 것은?

① /이, 우/
② /으, 어/
③ /어, 우/
④ /애, 에/
⑤ /오, 우/

65. 자음의 습득순서로 옳은 것은?

① 비음 → 파찰음 → 파열음 → 설측음
② 비음 → 파열음 → 파찰음 → 마찰음
③ 파열음 → 설측음 → 마찰음 → 파찰음
④ 파열음 → 비음 → 마찰음 → 파찰음
⑤ 비음 → 설측음 → 파열음 → 파찰음

66. 다음 중 긴장모음(tense vowels)이 아닌 것은?

① [ə] ② [u] ③ [e]
④ [i] ⑤ [a]

67. 한국어 음소 /ㅅ/의 변이음은?

① [tʃ] ② [ʃ] ③ [ʥ]
④ [ʒ] ⑤ [ʌ]

68. 반공명(antiresonance)과 관계가 없는 것은?

① 부분적으로 비강 내막의 부드러운 점막에 의해서 영향을 받을 수 있다.
② 동일한 압력에 대하여 체적이 더 커질 때 생기게 된다.
③ 부분적으로 콧구멍 안에 있는 털에 의해서도 영향을 받을 수 있다.
④ 발성 시 성문하압이 떨어지는 것과 관계가 있다.
⑤ 공명주파수에 크게 영향을 미친다.

69. 조음기관이 아닌 것은?

① 폐 ② 구강 ③ 식도
④ 후두 ⑤ 연구개

70. 파찰경구개음만으로 묶은 것은?

① [ㄷ, ㅌ]　　　　② [ㄱ, ㅋ]

③ [ㅅ, ㅆ]　　　　④ [ㅈ, ㅊ]

⑤ [ㅂ, ㅍ]

71. 우리 말소리 가운데 가장 많은 자음을 조음하는 조음위치는?

① 치조/치경　② 경구개　③ 연구개

④ 입술　　　⑤ 성문

72. 우리말의 음절(syllable) 구조를 가장 잘 나타내고 있는 것은? ('V'는 모음 'C'는 자음)

① V, CV, VC, CVC

② V, CV, CCVC, CVC

③ V, VC, CCV, CVCC

④ V, VC, CCV, CCVC

⑤ CV, VC, CVC, CVCC

73. 우리말에서 반모음을 제외한 자음 음소의 수는?

① 15　　　② 17　　　③ 19

④ 21　　　⑤ 23

74. 자음 중에서 가장 일찍 습득되는 말소리는?

① velars　② alveolars　③ palatals

④ bilabials　⑤ glottals

75. 음성학적으로 가능한 한국어의 종성 7개가 모두 들어 있는 묶음은?

① /ㅂ, ㄷ, ㄱ, ㄲ, ㅁ, ㄴ, ㅇ, ㄹ, ㅃ/

② /ㅂ, ㅃ, ㄷ, ㄱ, ㄲ, ㅁ, ㄴ, ㅇ, ㅅ/

③ /ㅂ, ㄷ, ㅌ, ㅈ, ㄱ, ㅁ, ㄹ, ㅇ, ㅆ/

④ /ㅂ, ㄷ, ㄱ, ㄲ, ㅁ, ㄴ, ㅇ, ㄹ, ㅃ/

⑤ /ㅂ, ㄷ, ㄱ, ㅅ, ㅁ, ㄴ, ㅃ, ㄹ, ㅈ/

76. /e/와 /u/ 모음의 공통점은?

① high vowel　② lax vowel　③ tense vowel

④ back vowel　⑤ front vowel

77. 모음 /으/의 특징이 아닌 것은?

① high vowel　　　② unrounded vowel

③ oral vowel　　　④ lax vowel

⑤ front vowel

78. "한라산에 갑니다"를 정확히 음성표기(phonetic transcription)한 것은?

① [hanlasane kamnita]

② [hanlasane gamnida]

③ [hallasane kamnida]

④ [hallasane kamnita]

⑤ [hallasane gamnida]

79. 연인두 폐쇄부전(velopharyngeal incomplete)으로 생기는 현상은?

① 비음화　　② 구개음화　　③ 후설음화

④ 정지음화　⑤ 설측음화

80. 자음의 분류기준으로 적합하지 않은 것은?

① 기식성(aspiration)

② 긴장성(tensity)

③ 유성성(voicing)

④ 원순성(lip rounding)

⑤ 비음성(nasality)

연습문제 II

※설명에 알맞은 용어를 왼쪽의 빈칸에 쓰시오.

① _____ : 말소리의 높낮이(즉, 피치)와 관련이 있는 후두근육

② _____ : 진성대 사이의 공간

③ _____ : 성문에서 입술까지의 거리(일명 '소릿길')

④ _____ : 후두의 연골 가운데 가장 큰 것

⑤ _____ : 본질적으로 성대를 구성하는 근육

⑥ _____ : 비강음을 만드는 데 가장 크게 기여하는 근육

⑦ _____ : 쉿소리(hissing)를 동반하면서 산출되는 고주파 마찰음

⑧ _____ : 설골(hyoid bone)의 아래 기관(trachea)의 위에 위치하는 것

⑨ _____ : 협착된 곳을 지나는 기체나 액체가 '속도는 증가하고 압력은 떨어진다'는 이론

⑩ _____ : 속칭 Adam's apple이라고도 하며 후두의 갑상연골이 있는 돌기

⑪ _____ : 피열연골을 회전시키고 기울이며 성문을 열어서 성대를 외전시키는 근육

⑫ _____ : 성대돌기(vocal process)가 있어 발성과 관계있는 1쌍의 삼각추/피라미드 모양의 연골

⑬ _____ : 성대(vocal folds)를 이완시키는 성대내근

⑭ _____ : 상후두신경(superior laryngeal n.)의 지배를 받는 후두내근

⑮ _____ : 복합음을 이루는 구성성분 중 가장 하위의 주파수

⑯ _____ : 우리 말소리 가운데 가장 많은 자음을 조음하는 조음위치

⑰ _____ : 연구개의 뒤에 걸려 있는 작은 근육조직

⑱ _____ : 자음 중에서 가장 일찍 습득되는 말소리

해답(Answers)

03 주요 용어 익히기

1. ① 성대인대 ② 피열후두개주름 ③ 이복근/악이복근 ④ 소각연골/뿔연골 ⑤ 갑상피열근 ⑥ 후두전정 ⑦ 가성 ⑧ 연인두 ⑨ 하악설골근 ⑩ 인두강 ⑪ 구개설근 ⑫ 점막 ⑬ 상피 ⑭ 외측윤상피열근 ⑮ 후두절제술 ⑯ 후두융기 ⑰ 이상와 ⑱ 표층 ⑲ 유상갑상근 ⑳ 띠근육

2. ① larynx ② vocal tract ③ vocalis muscle ④ arytenoid muscle ⑤ ventricular folds/false vocal cords ⑥ glottis ⑦ adduction ⑧ nasal cavity ⑨ soft palate/ velum ⑩ subglottal air pressure ⑪ thyroid cartilage ⑫ articulation

3-1

① 후두개(epiglottis) ② 성문상부(supraglottis) ③ 성대(vocal folds) ④ 성문(glottis) ⑤ 성문하부(subglottis) ⑥ 후두(larynx) ⑦ 식도(esophagus) ⑧ 기도(trachea)

3-2

① 후두개(epiglottis) ② 설골(hyoid bone) ③ 갑상설골인대(thyrohyoid lagament) ④ 갑상연골(thyroid cartilage) ⑤ 윤상연골(cricoid cartilage) ⑥ 기관연골(tracheal cartilage) 또는 기관륜(tracheal ring)

3-3

① 설골(hyoid bone) ② 후두개(epiglottis) ③ 소각연골/잔뿔연골(corniculate cartilage) ④ 피열연골(arytenoid cartilage) ⑤ 윤상연골(cricoid cartilage) ⑥ 기관연골(tracheal cartilage) 또는 기관륜(tracheal ring)

3-4

① 사피열근(oblique arytenoid m.) ② 후윤상피열근(posterior cricoarytenoid m.) ③ 횡피열근(transverse arytenoid m.)

3-5

① 하악설골근(mylohyoid muscle) ② 사각근(scalene muscle) ③ 견갑설골근(omohyoid muscle) ④ 흉골갑상근(sternothyroid muscle) ⑤ 흉골설골근(sternohyoid muscle) ⑥ 쇄골(clavicle) ⑦ 경상설골근(stylohyoid muscle) ⑧ 이복근(digastric muscle)

3-6

① 후두개(epiglottis) ② 갑상연골(thyroid cartilage) ③ 피열연골(arytenoid cartilage) ④ 윤상연골(cricoid cartilage)

3-7

① 설골(hyoid bone) ② 갑상연골(thyroid cartilage) ③ 윤상연골(cricoid cartilage) ④ 기관(trachea) ⑤ 기관연골(tracheal cartilage) ⑥ 성대(vocal folds) ⑦ 가성대(ventricular folds) ⑧ 후두개(epiglottis)

3-8

① 설근(root of tongue) ② 후두개(epiglottis) ③ 피열후두개주름(aryepiglottic fold) ④ 가성대(ventricular fold) ⑤ 기관(trachea) ⑥ 설상연골(cuneiform cartilage) ⑦ 성대(vocal fold) ⑧ 이상동/조롱박오목(piriform sinus) ⑨ 후두개곡(vallecula)

3-9

① 혀(tongue) ② 후두개(epiglottis) ③ 가성대(ventricular folds) ④ 진성대(vocal folds) ⑤ 설상연골(cuneiform cartilage) ⑥ 소각연골/잔뿔연골(corniculate cartilage) ⑦ 기관(trachea)

3-10

① 설골(hyoid bone) ② 갑상설골막(thyrohyoid membrane) ③ 갑상연골(rhyroid cartilage) ④ 윤상갑상막(cricothyroid membrane) ⑤ 윤상연골(cricoid cartilage) ⑥ 되돌이 후두신경(recurrent laryngeal n.) ⑦ 미주신경(vagus n.) ⑧ 상후두신경(superior laryngeal n.)

3-11

① 상피(epithelium) ② 표층(superficial layer) ③ 중간층(intermediate layer) ④ 심층(deep layer) ⑤ 성대근(vocalis muscle)

3-12

① 비강(nasal cavity) ② 경구개(hard palate) ③ 연구개(soft palate) ④ 윗입술(upper lip) ⑤ 아랫입술(lower lip) ⑥ 잇몸(gingiva) ⑦ 구강전정(vestibule) ⑧ 설골(hyoid bone) ⑨ 후두개(epiglottis) ⑩ 후두인두(laryngopharynx) ⑪ 설편도(lingual tonsil) ⑫ 구인두(oropharynx) ⑬ 구개편도(palatine tonsil) ⑭ 구개수/목젖(uvula) ⑮ 비인두(nasopharynx) ⑯ 이관입구(entrance to auditory tube) ⑰ 인두편도(pharyngeal tonsil)

3-13

① 비강(nasal cavity) ② 연인두폐쇄(velopharyngeal closure) ③ 후인두벽(posterior pharyngeal wall) ④ 구강(oral cavity) ⑤ 연인두개방(velopharyngeal opening)

3-14

① 순음(labial sounds) ② 치음(dental sounds) ③ 치조음(alveolar sounds) ④ 후치조음(postalveolar sounds) ⑤ 구개음(palatal sounds) ⑥ 연구개음(velar sounds) ⑦ 구개수음(uvular sounds) ⑧ 인두음(pharyngeal sounds) ⑨ 후두개음(epiglottal sounds) ⑩ 후두음(glottal sounds)

3-15

① ㅂ/p/, ㅍ /ph/, ㅃ/p'/ ② ㄷ/t/, ㅌ/th/, ㄸ/t'/ ③ ㄱ/k/, ㅋ/kh/, ㄲ/k'/ ④ ㅈ/c/, ㅊ/ch/, ㅉ/c'/ ⑤ ㅅ/s/, ㅆ/s'/ ⑥ ㅎ/h/ ⑦ ㅁ/m/ ⑧ ㄴ/n/ ⑨ ㅇ/ŋ/ ⑩ ㄹ/l/ ⑪ /w/ ⑫ /j/

3-16

① i(unrounded high front) ② e(unrounded mid front) ③ ɛ(unrounded lower-mid front) ④ ɨ(unrounded high central) ⑤ ə(unrounded mid central) ⑥ u(rounded low back) ⑦ o(unrounded higher-mid back) ⑧ ɑ(unrounded low back)

3-17

① 연구개가 인두벽을 막았으므로 일단 구강음이다. 윗입술과 아랫입술이 서로 닿혀 있으므로 양순음이다. 끝으로 혀의 위치로 보아 파열음이다. 고로 양순파열음(bilabial plosive)이다.
② 연구개가 인두벽을 막았으므로 일단 구강음이다. 혀 끝이 윗니의 치조와 맞닿아 있으므로 치조음이다. 고로 치조파열음(alveolar plosive)이다.

3-18

① 연구개가 인두벽을 막았으므로 일단 구강음이다. 뒤 혀가 연구개를 막았으므로 파열음이다. 고로 연구개파열음(velar plosive)이다.
② 연구개와 후인두벽이 열려 있으므로 일단 비강음(nasal sound)이다. 혀끝이 치조 부근에 위치해 있으므로 치조음이다. 고로 치조비음(alveolar nasal) [n]이다.

연습문제 해답 I

1. ③	2. ①	3. ③	4. ②	5. ④	6. ③	7. ④	8. ③	9. ③	10. ⑤
11. ③	12. ①	13. ①	14. ②	15. ③	16. ②	17. ①	18. ③	19. ②	20. ④
21. ④	22. ④	23. ②	24. ④	25. ④	26. ②	27. ③	28. ①	29. ①	30. ⑤
31. ①	32. ③	33. ③	34. ①	35. ③	36. ③	37. ④	38. ①	39. ②	40. ①
41. ④	42. ②	43. ④	44. ①	45. ⑤	46. ①	47. ①	48. ①	49. ③	50. ①
51. ⑤	52. ④	53. ②	54. ①	55. ①	56. ④	57. ②	58. ⑤	59. ③	60. ①
61. ②	62. ①	63. ③	64. ⑤	65. ④	66. ①	67. ②	68. ④	69. ③	70. ④
71. ①	72. ①	73. ③	74. ④	75. ①	76. ③	77. ⑤	78. ③	79. ①	80. ④

연습문제 해답 II

① 윤상갑상근(cricothyroid m.) ② 성문(gllottis) ③ 성도(vocal tract) ④ 갑상연골/방패연골(thyroid cartilage) ⑤ 갑상피열근(thyroarytenoid m.) ⑥ 연구개(soft palate/velum) ⑦ 치찰음(sibilants) ⑧ 후두(larynx) ⑨ 베르누이 효과 ⑩ 후두융기(laryngeal prominence) ⑪ 후윤상피열근(posterior cricoarytenoid m.) ⑫ 피열연골/모뿔연골(arytenoid cartilage) ⑬ 갑상피열근(thyroarytenoid m.) ⑭ 윤상갑상근(cricothyroid m.) ⑮ 기본주파수(fundamental frequency, F0) ⑯ 치조/치경(alveolus) ⑰ 구개수/목젖(uvula) ⑱ 양순음(bilabial sounds)

신경의 구조와 기능

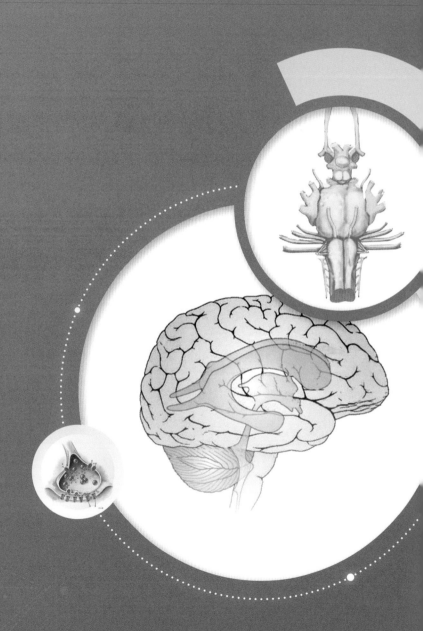

04 주요 용어 익히기

1. 다음 용어를 국문으로 바꾸시오.

① depolarization _____   ② arachnoid mater _____

③ neuroglia _____   ④ retina _____

⑤ resting potential _____   ⑥ saltatory conduction _____

⑦ neurolemma _____   ⑧ refractory period _____

⑨ astrocyte _____   ⑩ all−or−none principle _____

⑪ chromosome _____   ⑫ blood−brain barrier _____

⑬ trochlear nerve _____   ⑭ double innervation _____

⑮ postcentral gyrus _____   ⑯ fight−flight response _____

⑰ multiple sclerosis _____   ⑱ axon terminal _____

⑲ cervical plexus _____   ⑳ cerebrospinal fluid _____

2. 다음 용어를 영문으로 바꾸시오.

① 세포체 _____   ② 신경전달물질 _____

③ 축삭 _____   ④ 척수 _____

⑤ 핵 _____   ⑥ 후신경 _____

⑦ 뇌신경 _____   ⑧ 교감신경 _____

⑨ 미주신경 _____   ⑩ 중추신경계 _____

⑪ 활동전위 _____   ⑫ 반사궁 _____

[4-1]은 신경계의 분류를 보여 준다. 번호에 알맞은 명칭을 쓰시오.

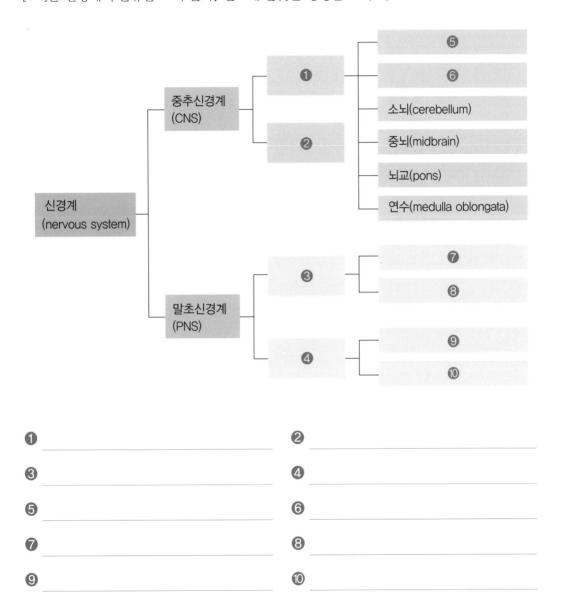

❶ _____ ❷ _____

❸ _____ ❹ _____

❺ _____ ❻ _____

❼ _____ ❽ _____

❾ _____ ❿ _____

어원으로 익히는 전문용어

어근 stern–은 '흉골'을, 접미사 –um은 '구조(structure)'를 의미한다. 따라서 sternum은 '흉골'을 의미한다.

유사한 예) sternothyroid muscle(어근 stern + 결합형 모음 –o– + 어근 thyroid '갑상', muscle) = 흉골갑상근

어근 my–는 '근육'을, 결합형 모음 –o– + 접미사 –oma는 '종양'을 의미한다. 따라서 myoma는 '근종'을 의미한다.

유사한 예) hematoma(어근 hemat '혈액' + 접미사 –oma '종양') = 혈종

[4-2]는 뉴런의 구조를 보여 준다. 번호에 알맞은 명칭을 쓰시오.

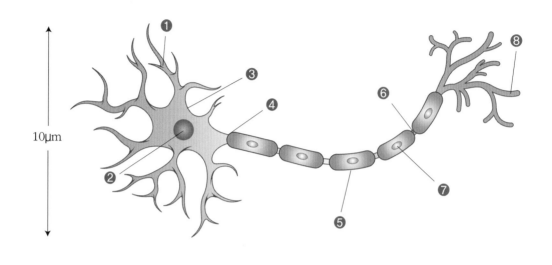

❶ _____   ❷ _____

❸ _____   ❹ _____

❺ _____   ❻ _____

❼ _____   ❽ _____

어원으로 익히는 전문용어

어근 bio–는 '생명'을, 어근 chemistry는 '화학'을 의미한다. 따라서 biochemistry는 '생화학'을 의미한다.
유사한 예) biography(접두사 bio + 어근 graphy '기록') = 전기

어근 logo–는 '언어' 또는 '말'을, 어근 –phobia는 '공포'를 의미한다. 따라서 logophobia는 '언어공포증'을 의미한다.
유사한 예) logoneurosis(어근 log + o + 어근 –neur + o + sis '상태') = 언어신경증

[4-3]은 시냅스의 진행 과정을 보여 준다. 그림에서와 같이 각 단계별 과정을 간단히 기술하시오.

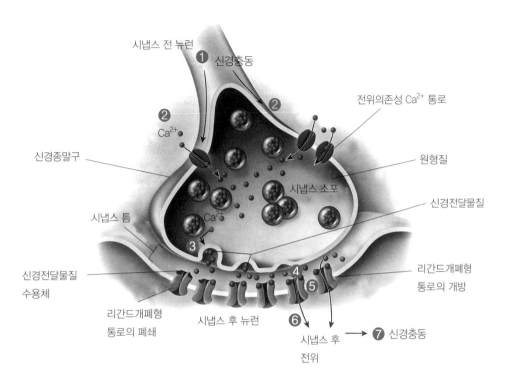

❶ _____

❷ _____

❸ _____

❹ _____

❺ _____

❻ _____

❼ _____

[4-4]는 반사궁(reflex arc)의 진행 과정을 보여 준다. 그림에서와 같이 번호에 맞는 명칭을 쓰고 그 과정을 간단히 기술하시오.

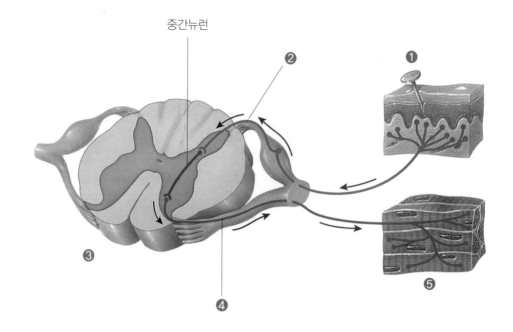

❶ _____

❷ _____

❸ _____

❹ _____

❺ _____

신경계질환의 구분

1) 선천성 장애 congenital/inherited disorder: 예) 수두증(hydrocephalus)

   cf. 유전성 장애 heriditary disorder ⇔ 후천성 장애 acquired disorder

2) 퇴행성 장애 degenerative disorder: 예) 알츠하이머병(Alzheimer disease)

3) 감염성 장애 infectious disorder: 예) 수막염(meningitis)

4) 외상성 장애 traumatic disorder: 예) 뇌진탕(cerebral concussion)

5) 혈관성 장애 vascular disorder: 예) 뇌혈관사고(cerebrovascular accident)

6) 신생물성 장애(neoplastic disorder: 예) 뇌종양(brain tumors)

[4-5]는 활동전위(action potential) 곡선을 보여 준다. 번호에 알맞은 명칭을 쓰시오.

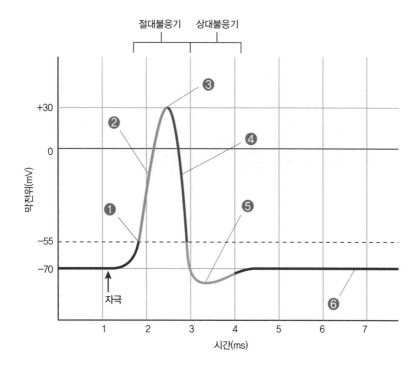

❶ _____　　❷ _____

❸ _____　　❹ _____

❺ _____　　❻ _____

어원으로 익히는 전문용어

접두사 pseud- '유사' 또는 '가짜'의 의미를, 어근 glottis는 '성문'을 의미한다. 따라서 psudoglottis는 '가성문'을 의미한다.
유사한 예) pseudopersonality(접두사 pseud- + 어근 personality '인격') = 가인격

접두사 uni-는 '하나'의 의미를, 어근 lateral paralysis는 '측마비'를 의미한다. 따라서 접두사 unilateral paralysis는 '편측성 마비'를 의미한다.
유사한 예) unilingual society(접두사 uni- + 어근 lingual '언어') + 어근 society = 단일 언어사회

어근 sinus-는 '동' 또는 '강(cavity)'을, 접미사 -its는 '염증(inflammation)'을 의미한다. 따라서 sinustis는 '(비강의 염증) 축농증'을 의미한다.
유사한 예) pansinusitis(접두사 pan- 'all' + 어근 sinus + 접미사 -its) = 범부비동염

[4–6]은 뇌막(cranial meninges)를 보여 주고 있다. 번호에 알맞은 명칭을 쓰시오.

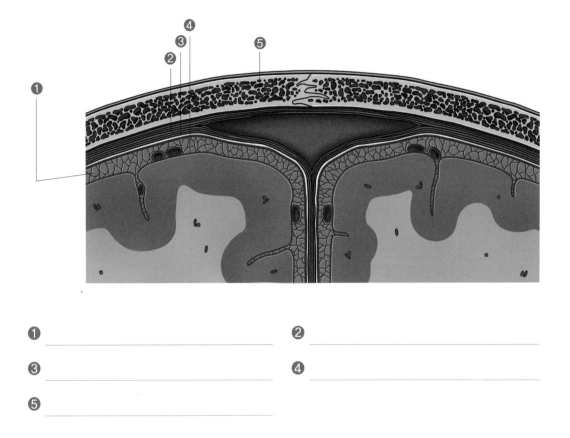

❶ _____   ❷ _____

❸ _____   ❹ _____

❺ _____

어원으로 익히는 전문용어

부정의 접두사 a—는 'not'을, 어근 –prax는 '행동(action)'을, 접미사 –ia는 '증세'를 의미한다. 따라서 apraxia는 '운동불능'을 의미한다.

유사한 예) dyspraxia(부정의 접두사 dys– '불량' + 어근 –prax + –ia) = 통합운동장애, 행동곤란

어근 lacri–는 '눈물'을, 접미사 –mal, 어근 bone은 '뼈'를 의미한다. 따라서 lacrimal bone은 '누골'을 의미한다.

유사한 예) lacrimal gland(어근 lacri– + 접미사 –mal + 어근 –grand) = 눈물샘, 누선

어근 derma–는 '피부'를, 접미사 –itis는 '염증'을 의미한다. 따라서 dermatis는 '피부염'을 의미한다.

유사한 예) dermacology(어근 derma– + 매개자음 c + ology 'study of') = 피부과학

여기서 derma+ology가 맞지만 모음충돌이 생겨 매개자음 'n'이 필요하다.

[4-7]은 뇌실(cerebral ventricles) 보여 준다. 번호에 알맞은 명칭을 쓰시오.

후면   전면

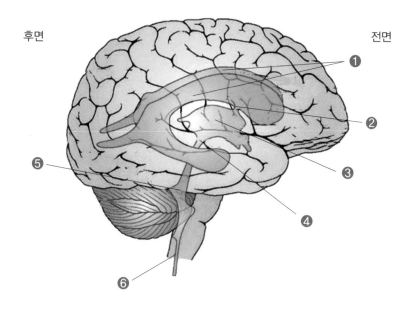

❶ _____ ❷ _____

❸ _____ ❹ _____

❺ _____ ❻ _____

신경 관련 질병 명칭

마비 paralysis/plegia/paresis | 편마비 hemiplegia | 사지마비 quadriplegia
하반신마비 paraplegia | 전신마비 general paralysis | 근위축증 muscular atrophy
모야모야병 Moyamoya disease | 신경초종 schwannoma | 심장마비 heart attack/cardiac arrest
심근경색 myocardial infaction | 안면마비 facial palsy | 벨마비 Bell's palsy
난시 astigmatism | 안검하수증 ptosis | 사시 strabismus
중근무력증 myasthenia gravis | 신경통 neuralgia | 복시 diplopia
다발성 경화증 multiple sclerosis | 안구진탕증 nystagmus | 신경섬유종(증) neurofibromatosis
뚜렛증후군 Tourette syndrome | 수막염 meningitis | 길랑-바레증후군 Guillain-Barre syndrome
뇌진탕cerebral concussion | 뇌종양 brain tumor | 루게릭병 Lou Gehrig's disease
안면신경장애 facial nerve disorders | 간질 epilepsy | 삼차신경통 trigeminal neuralgia
헌팅턴 무도병 Huntington chorea | 수두증 hydrocephalus | 파킨슨병 Parkinson disease
근위축성 측삭경화증 amyotrophic lateral sclerosis | 알츠하이머병 Alzheimer disease

[4-8]은 뇌간에 분포하는 뇌신경(cranial nerves)의 기시부를 보여 준다. 번호에 알맞은 명칭을 영문으로 쓰시오.

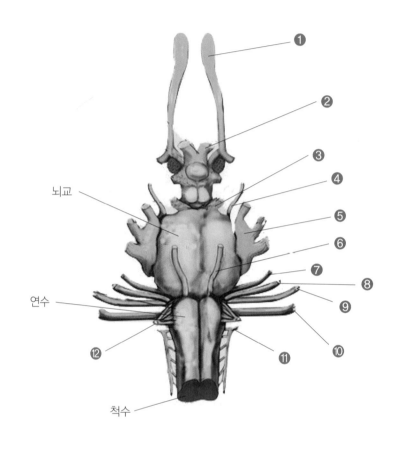

❶ _____ ❷ _____

❸ _____ ❹ _____

❺ _____ ❻ _____

❼ _____ ❽ _____

❾ _____ ❿ _____

⓫ _____ ⓬ _____

연습문제 I

1. 다음 중 반사중추가 척수에 있는 반사는?

　① 피부반사　　② 조건반사　　③ 타액반사
　④ 슬개건반사　⑤ 각막반사

　▌뇌반사: 조건반사, 각막반사, 재채기반사, 구토반사
　척수반사: 슬개건반사, 복부반사, 방광반사

2. 세포막(cell membrane)을 구성하고 있는 주요성
분은?

　① 탄수화물　　　　　② 지질
　③ 단백질　　　　　　④ 단백질과 지질
　⑤ 탄수화물과 지질

　▌세포막은 단백질과 지질로 구성된 2중막이다.

3. 세포막의 기능으로 옳지 않은 것은?

　① 세포의 원형 유지　② 막전위 감수점
　③ 흡수 및 배설작용　④ 항상성 유지
　⑤ 단백질 합성

　▌세포막의 주요 기능은 수분조절, 삼투압조절, pH조절 등
　을 통한 신체의 항상성 작용이다. 단백질 합성장소는 리
　보솜(ribosome)이다.

4. 구토반사를 조절하는 뇌신경은?

　① abducens nerve　② vestibulocochlear nerve
　③ vagus nerve　　　④ trochlear nerve
　⑤ trigeminal nerve

5. 다음 중 원형질을 구성하는 성분으로 가장 많
은 것은?

　① protein　　　　　② carbohydrate
　③ electrolyte　　　 ④ lipid
　⑤ vitamin

　▌원형질은 물 75~85%, 단백질 20~20%, 지질 2~3%, 전해
　질 1.5%, 탄수화물 1% 등으로 구성되어 있다.

6. 세포의 핵에 대한 설명이다. 잘못된 것은?

　① 세포의 조절센터이다.
　② 유전인자의 정보센터이다.
　③ 염색체를 보유한다.
　④ 세포분열을 관장한다.
　⑤ 모든 세포는 핵을 한 개씩 보유한다.

　▌인체의 대부분의 세포는 1개의 핵을 가지고 있으나, 적혈
　구와 혈소판에는 없다. 또한 골격근세포는 다핵세포이다.

7. DNA의 기능은?

가. 전사	나. 번역
다. 복제	라. 운반

　① 가, 나, 다　　　　② 가, 다
　③ 나, 라　　　　　　④ 라
　⑤ 가, 나, 다, 라

　▌DNA는 복제(replication)와 전사(transcription)의 두 가지
　중요한 역할을 수행한다. 복제란 DNA가 자기의 복사본을
　만드는 과정이고, 전사란 한 가닥의 mRNA를 만드는 과
　정, 즉 DNA의 정보를 RNA로 전달하는 과정이다.

8. 시냅스의 억제성 신경전달물질(inhibitory
neurotransmitter)은?

　① acetylcholine
　② epinephrine
　③ norepinephrine
　④ GABA
　⑤ dopamine

　▌Glycine과 GABA(gamma aminobutyric acid)는 억제성 신
　경전달물질이다.

9. 신경섬유와 자극의 강도에 따라 최고의 흥분을
하거나 혹은 하지 않는 현상은?

　① 절대적 불응기
　② 상대적 불응기
　③ 역치하자극
　④ 역치
　⑤ 실무율

　▌(　　　　) 이란 역치 이하의 자극에서는 반응하지 않고 역치
　이상의 자극에서의 반응은 일정하다는 법칙이다.

10. 뉴런의 안정막전위(resting potential)는?

　① $-30mV$
　② $-70mV$
　③ $-110mV$
　④ $-130mV$
　⑤ $-150mV$

　▌세포막 내부는 음전하를 나타내며 세포막 외부는 양전하
　를 나타내는 뚜렷한 전기적 차이가 있다. 이러한 전기적
　경사에 의하여 신경섬유의 막이 받는 압력을 안정막전위
　라고 부르며 일반적으로 −70mV이다.

11. 억제성 신경전달물질(inhibitory neuro-transmitter)을 모두 고른 것은?

가. acetycholine	나. glycine
다. norepinephrine	라. GABA

① 가, 나, 다
② 가, 다
③ 나, 라
④ 라
⑤ 가, 나, 다, 라

▮ acetycholine은 흥분성 신경전달물질이고, GABA (gamma aminobytyric acid)는 억제성 신경전달물질이다.

12. 골격근의 수축을 유발시키는 신경전달물질은?

① acetylcholine
② norepinephrine
③ dopamine
④ glycine
⑤ GABA

▮ 골격근의 수축운동은 체경이 지배하지만, 평활근은 교감 및 부교감신경의 2중지배를 받는다.

13. 뇌신경과 척수신경의 수를 바르게 짝지은 것은?

① 8쌍, 31쌍
② 10쌍, 20쌍
③ 10쌍, 31쌍
④ 12쌍, 31쌍
⑤ 15쌍, 22쌍

14. 다음 중 틀린 설명은?

① 신경원은 세포체와 돌기로 구성되어 있다.
② 돌기는 하나의 축삭과 여러 개의 수상돌기로 되어 있다.
③ 축삭과 수상돌기의 연결을 연접이라고 한다.
④ 모든 신경섬유는 수초로 둘러싸여 있다.
⑤ 니슬소체는 RNA 집단이다.

15. 인체에서 세포외액(ECF)의 비중은?

① 10%   ② 20%   ③ 30%
④ 50%   ⑤ 60%

▮ 체액의 총량은 체중의 60%이며, 이 중 세포내액이 40%이고, 세포외액은 20%를 차지한다.

16. 중추신경계에서 신경세포체(cell body, soma)의 집단을 일컫는 것은?

① 백질   ② 신경절   ③ 척수로
④ 핵   ⑤ 전도로

▮ 신경절은 말초신경 내의 신경세포의 집단이고, 핵은 중추신경계에서 신경세포체의 집단이다.

17. 활동전위(action potential)는 어떤 이온이 세포 내로 유입되면서 발생된다고 할 수 있는가?

① Cl^- ② Na^+
③ Ca^+ ④ H
⑤ P

▮ 시냅스후 뉴런 세포막의 (   ) 투과성이 증가되어 (   ) 가/이 세포 내로 유입되므로 일련의 전위변동이 생긴다.

18. 활동전위가 발생할 수 있는 최소의 자극 강도는?

① 실무율
② 안정막전위
③ 활동전위
④ 역치
⑤ 역치하자극

▮ (   ) 은/는 자극이 감각을 일으켜 감지할 수 있는 최소한의 자극의 한계값(threshold)을 가리킨다.

19. 안면근을 수축하여 표정에 관여하는 신경은?

① CN Ⅱ   ② CN Ⅴ
③ CN Ⅶ   ④ CN Ⅹ
⑤ XI

▮ (   ) 은/는 표정근을 지배한다.

20. 교감신경의 기시는?

① 뇌, 천수   ② 흉수, 요수
③ 뇌, 흉수   ④ 흉수, 천수
⑤ 경수, 흉수

▮ 교감신경의 기시는 흉수와 요수이고, 부교감신경의 기시는 뇌와 천수이다.

21. 다음 중 혼합신경이 아닌 것은?

① 설하신경   ② 동안신경
③ 삼차신경   ④ 미주신경
⑤ 안면신경

▮ 동안신경: 운동신경

22. 횡격막(diaphragm)을 지배하는 신경은?

① 흉신경   ② 경신경   ③ 요신경
④ 천골신경 ⑤ 뇌신경

▮ 횡격막을 지배하는 횡격신경은 (   ) 에서 나오는 가지이다.

23. 제3뇌실을 볼 수 있는 곳은?

① 대뇌   ② 간뇌   ③ 중뇌
④ 능뇌   ⑤ 척수

24. 다음 뇌신경 중 순수한 운동신경으로 구성된 것은?

가. 동안신경	나. 시신경	다. 외전신경
라. 후신경	마. 미주신경	

① 가, 나.　　② 가, 다　　③ 나, 라
④ 다, 라　　⑤ 다, 마

■ 운동신경: 동안신경, 활차신경, 외전신경

25. 뇌신경 중 동안신경(CN III), 활차신경(CN IV)의 기시 부위는?

① 간뇌　　② 중뇌　　③ 연수
④ 소뇌　　⑤ 뇌교

■ 삼차신경, 외전신경, 안면신경, 청신경의 기시부는 뇌교 (pons)이고, 설인신경, 미주신경, 부신경, 설하신경의 기시부는 연수(medulla oblongata)이다.

26. 부교감신경(parasympathetic n.)의 말단에서 분비되는 물질은?

① 아드레날린　② 인슐린　③ 아세틸콜린
④ 크레아틴　　⑤ 아트로핀

■ 부교감신경은 절전섬유나 절후섬유 다같이 acetylcholine 을 분비하여 작동하므로 콜린 작동성 뉴런이라 하고, 교감신경은 절전섬유에서는 acetylcholine을 분비하나 절후섬유에서는 norepinephrine을 분비하여 작동하므로 아드레날린 작동성 뉴런이라고 한다.

27. 인체에서 감각을 받아들이는 감각신경원의 기시부는?

① 후근　　　　② 전근
③ 감수기　　　④ 효과기
⑤ 원심신경

28. 순수한 감각신경으로 분류되는 뇌신경은?

가. 활차신경	나. 동안신경	다. 후신경
라. 시신경	마. 설인신경	

① 가, 나　　　　② 나, 마
③ 다, 라　　　　④ 라, 마
⑤ 가, 라

■ 운동 순수한 감각신경으로 분류되는 뇌신경은 CN I, CN II, CN VIII이 있다.

29. 자율신경계의 최고 중추라고 할 수 있는 것은?

① 시상　　　　② 대뇌반구
③ 소뇌　　　　④ 뇌교
⑤ 시상하부

30. 인체의 구성, 기능, 유전상의 기본 단위는?

① 세포(cell)　　　② 조직(tissue)
③ 뉴런(neuron)　④ 계통(system)
⑤ 기관(organ)

31. 다음 중 뇌하수체(pituitary gland)의 호르몬 분비를 조절하는 뇌의 부위는?

① 중뇌　　　　② 시상하부
③ 뇌교　　　　④ 간뇌
⑤ 연수

32. 다음 중 산소에 가장 민감한 세포는?

① 골세포　　　　② 근육세포
③ 신경세포　　　④ 지방세포
⑤ 연골세포

■ 신경세포는 인체에서 분화가 가장 잘 되어 있으며 재생이 어렵고, 가장 길며 또한 산소에 치명적이다.

33. 인체를 구성하고 있는 세포들의 특성을 설명한 것이다. 모두 옳은 것으로 조합된 것은?

가. 세포는 위치에 따라 형태와 기능이 모두 다양하다.
나. 대부분의 세포에는 핵이 있으나, 일부 없는 것도 있다.
다. 가장 큰 세포는 난자이다.
라. 체세포는 원핵세포이다.

① 가, 나, 다　　　　② 가, 다
③ 나, 라　　　　　　④ 라
⑤ 가, 나, 다, 라

■ 인체의 체세포는 DNA가 핵막으로 둘러싸여 있는 진핵세포이다.

34. 과분극(hyperpolarization)의 원인이 되는 이온은?

① Na^+　　　　② K^+
③ Ca^{2+}　　　④ Cl^-
⑤ HCO_3^-

■ 재분극 과정에서 (　　) 통로들이 닫히는 속도가 느려 (　　)의 유출이 계속됨으로써 안정막전위보다 더 낮게 세포 안이 음전하 쪽으로 기울게 되는데, 이를 과분극이라 한다.

35. 다음 중 뇌척수액(CSF)의 순환통로가 아닌 것은?

① 제3뇌실　　　　② 척수중심관
③ 경막하강　　　　④ 실간공
⑤ 제4뇌실

■ 경막하강은 림프액으로 채워져 있다.

36. 다음 중 식작용이 있는 세포는?

① 성상교세포   ② 희돌기세포   ③ 미세교세포
④ 뇌실막세포   ⑤ 위성세포

▌미세교세포는 발생이 중배엽이며 아메바운동과 식작용을 한다.

37. 벨-마겐디(Bell-Magendie) 법칙이란?

① 척수의 전근은 운동성이고, 후근은 감각성이라는 법칙
② 척수의 전근은 감각성이고, 후근은 운동성이라는 법칙
③ 척수의 백질은 표층에 있고, 회백질은 안쪽에 있다는 법칙
④ 척수의 중심관은 H형의 회백질에 에워싸여 있고, 그 표층에 백질이 있다는 법칙
⑤ 척수의 전근은 백질로 이어지고, 후백질은 회백질로 이어진다는 법칙

38. 연수(medulla oblongata)의 기능과 관계가 먼 것은?

① 혈관운동   ② 타액분비   ③ 호흡운동
④ 체온조절   ⑤ 구토

▌연수의 기능은 호흡, 심장, 혈관운동, 연하, 구토, 재채기, 타액, 위액분비, 중추로 대별될 수 있다. 체온조절은 간뇌 시상하부의 기능이다.

39. 니슬소체(Nissl's body)를 볼 수 있는 곳은?

① nephron   ② neuron   ③ neuroglia
④ osteon   ⑤ sarcomere

▌니슬소체는 RNA를 함유하고 단백질을 합성하는 곳이며, 신경손상 유무를 진단하는 데 도움이 된다.

40. 정상체온을 유지하는 항온조절기가 있는 곳은?

① 대뇌   ② 시상하부   ③ 척수
④ 연수   ⑤ 소뇌

41. 다음 중 뇌척수액(CSF)의 순환경로가 올바르게 연결된 것은?

① 측뇌실 → 제3뇌실 → 중뇌수도 → 제4뇌실 → 지주막하강
② 측뇌실 → 중뇌수도 → 제3뇌실 → 제4뇌실 → 지주막하강
③ 측뇌실 → 제3뇌실 → 지주막하강 → 제4뇌실 → 중뇌수도
④ 측뇌실 → 제4뇌실 → 제3뇌실 → 중뇌수도 → 지주막하강
⑤ 제3뇌실 → 제4뇌실 → 중뇌수도 → 제4뇌실 → 지주막하강극

42. 척수에서의 반사궁 5단계의 순서로 옳은 것은?

| 가. 수용기 | 나. 반사중추 | 다. 감각신경 |
| 라. 운동신경 | 마. 효과기 | |

① 가-나-다-라-마
② 가-나-라-마-다
③ 가-다-나-라-마
④ 가-라-나-다-마
⑤ 가-나-마-라-다

▌신경흥분은 수용기 → 구심신경 → 후근 → 반사중추 → 전근 → 운동신경 → 효과기로 전도된다.

43. 기저핵과 관계가 없는 것은?

① 치상핵   ② 담창구   ③ 미상핵
④ 선조체   ⑤ 피각

44. 다음 구조 중 뇌척수액의 통로가 아닌 것은?

① 세3뇌실   ② 세4뇌실
③ 척수중심관   ④ 지주막하강
⑤ 경막하강마

45. 세포의 직접적 에너지원인 ATP를 생산하는 곳은?

① 리보솜(ribosome)
② 중심체(centrosome)
③ 골지체(Golgi's apparatus)
④ 미토콘드리아(mitochondria)
⑤ 핵(nucleus)

▌(   ) 내막에는 아데노신이인산(ADP)을 아데노신삼인산(ATP)으로 전환시켜 에너지를 생산한다. 결국 인체는 이 에너지를 이용하여 체열유지, 호흡, 운동, 일, 자극의 전달 등을 한다.

46. 신경섬유(뉴런)의 안정막전위는?

① −30mV   ② −70mV   ③ −90mV
④ −120mV   ⑤ −130mV

▌세포막 내부는 음전하를 나타내며 세포막 외부는 반대로 양전하를 나타내는 뚜렷한 전기적 차이가 있다. 이러한 전기적 경사에 의하여 신경섬유의 막이 받는 압력을 안정막전위(resting potential) 또는 막전위(membrane potential)라 부른다.

47. 뉴런의 세포체(cell body)로부터 나온 신호를 다른 뉴런으로 보내는 통로는?

① dendrite   ② axon
③ Myelin sheath   ④ nuceus
⑤ neuroglia

48. 시냅스의 간격은 얼마나 되는가?

① 20 Å   ② 50 Å   ③ 200 Å
④ 300 Å   ⑤ 500 Å

▌한 뉴런의 축삭돌기는 반드시 다음 뉴런에 접속하는데, 이를 시냅스(synapse)라고 하며 거리는 약 20nm(200 Å) 정도 떨어져 있다.

49. 대뇌피질 중심구 앞쪽에 있는 전회는 무슨 영역인가?

① 지각영역   ② 언어영역
③ 운동영역   ④ 후각영역
⑤ 청각영역

50. 뇌척수막 중 가장 밀접하게 뇌를 직접 싸는 것은?

① 경막   ② 지주막   ③ 공막
④ 연막   ⑤ 활막

51. 세포의 핵에 대한 설명이다. 잘못된 것은?

① 세포의 조절센터이다.
② 유전인자의 정보센터이다.
③ 염색체를 함유한다.
④ 세포분열을 관장한다.
⑤ 모든 세포는 핵을 한 개씩 함유한다.

▌인체의 대부분의 세포는 1개의 핵을 가지고 있으나, 적혈구와 혈소판에는 핵이 없다. 또한 골격근세포는 다핵세포이다.

52. 가장 피로하기 쉬운 뇌신경은?

① 후신경   ② 시신경
③ 동안신경   ④ 외전신경
⑤ 미주신경

▌가장 빨리 피로하는 감각은 후각이다.

53. 다음 중 슬개건반사(knee-jerk reflex)와 가장 가까운 것은?

① 신전반사   ② 조건반사   ③ 굴곡반사
④ 심부반사   ⑤ 피부반사

▌슬개건반사는 신근(flexor m.)이 반사적으로 수축하여 생기는 반사이다.

54. 일명 단백질 공장이라고 불리는 것은?

① 미토콘드리아   ② 리보솜
③ 골지체   ④ 중심체
⑤ 모양체

▌( )은 단백질 37%, RNA 63%로 구성되어 있기 때문에 RNA에 의한 단백질 합성이 이루어지는 곳이다.

55. 활동전위(action potential)는 어떤 이온이 세포 안으로 유입되면서 발생한다고 할 수 있는가?

① Cl^- ② Na^+ ③ Ca^2
④ P   ⑤ H

▌후뉴런 세포막의 Na^+ 투과성이 증가되어 Na^+가 세포 안으로 유입되므로 일련의 전위변동이 발생된다.

56. 골격근의 불응기(refractory period)는?

① 0.001초   ② 0.003초   ③ 0.01초
④ 0.04초   ⑤ 0.005초

▌신경섬유의 불응기는 0.001초이다.

57. 국소전류가 축삭의 랑비에 마디(node of Ranvier)에서만 전도되는 현상은?

① 일방향전도   ② 도약전도
③ 역방향전도   ④ 전방전도
⑤ 후발사전도

▌유수신경섬유에서 수초가 있는 부위는 수초의 전기저항으로 인해 활동전위 유발이 어렵기 때문에 국소전류가 마디와 마디 사이를 징검다리 건너듯이 랑비에 마디에만 발생하게 된다. 이런 이유로 유수신경섬유가 무수신경섬유보다 전도 속도가 빠르다.

58. 추체로(pyramidal tract)가 교차되는 곳은?

① medulla oblongata   ② pons
③ diencephalon   ④ cerebrum
⑤ cerebellum

59. 게놈(genome)이라는 용어는 어떤 단어들의 합성어인가?

① 유전자와 리보솜
② 유전자와 핵
③ 유전자와 염색체
④ 유전자와 중심소체
⑤ 유전자와 용해소체

▌게놈은 gene과 chromosome의 합성어로 생물체가 지닌 유전물질의 결합체를 뜻한다.

60. 중뇌에서 기시하는 뇌신경은?

가. 외전신경	나. 동안신경
다. 시신경	라. 활차신경

① 가, 나, 다   ② 가, 다
③ 나, 라   ④ 라
⑤ 가, 나, 다, 라

▌중뇌의 피개(tegmentum)에는 CN III, CN IV의 기시핵이 있다.

61. 심장, 호흡 및 내장 운동에 관여하는 신경은?

① 삼차신경　　　　② 외전신경
③ 안면신경　　　　④ 미주신경
⑤ 설하신경

■ 미주신경(vagus n.)은 제X뇌신경으로 부교감섬유가 발달된 혼합신경이다. 운동신경은 후두근, 연구개 및 인두근육에 분포하고, 감각신경은 인두, 후두, 식도, 기관지, 폐, 심장, 복부내장, 혀에 분포한다.

62. 부교감신경이 흥분하면 일어날 수 있는 생리변화는?

| 가. 동공 축소 | 나. 타액분비 촉진 |
| 다. 연동운동 촉진 | 라. 심박동 증가 |

① 가, 나, 다　　　② 가, 다
③ 나, 라　　　　④ 라
⑤ 다, 라

■ 부교감신경이 흥분하면 혈압 하강, 동공수축, 디액분비촉진, 소화관운동 촉진, 심박동 감소, 기관지 수축, 방광괄약근 이완(배뇨) 등이 일어난다.

63. 반사궁의 5대 요소라고 할 수 없는 것은?

① 수용기　　② 구심신경　　③ 원심신경
④ 효과기　　⑤ 추체로

■ 중추신경계의 가장 기본적인 기능인 반사작용을 일으키는 기전은 5단계를 거치게 된다. 즉, 수용기 → 구심신경 → 반사중추 → 원심신경 → 효과기로 구성되는데, 척수반사궁의 법칙을 벨-마겐디법칙(law of Bell-Magendie)이라고도 한다.

64. 말초신경계(PNS)에 대한 설명이다. 옳지 않은 것은?

① 신경과 신경절로 구성된 계통이다.
② 자율신경계는 식물신경계라고도 한다.
③ 뇌신경 12쌍과 척수신경 31쌍은 자율신경에 속한다.
④ 체신경계의 원심성부는 골격근 운동을 담당한다.
⑤ 자율신경계의 최고 중추부는 시상하부이다.

■ 체신경은 뇌신경과 척수신경으로 구분되고, 자율신경계는 교감 및 부교감으로 구분된다.

65. 땅 위에 그어진 선을 따라 똑바로 걷는 것이 어렵다면, 이는 어떤 신경의 손상인가?

① 전정신경　　② 삼차신경　　③ 미주신경
④ 활차신경　　⑤ 안면신경

66. 다음 중 주로 내장에 분포하는 신경은?

① 부신경　　② 시신경　　③ 미주신경
④ 외전신경　　⑤ 활차신경

67. 특수감각에 속하지 않는 것은?

① 시각　　　　② 촉각
③ 청각　　　　④ 후각
⑤ 미각

■ 시각, 청각, 후각, 미각, 촉각을 5대 감각이라 한다. 감각은 다시 일반감각과 특수감각으로 구분되는데 촉각, 통각, 압각, 온각 등을 일반감각이라 하고, 시각, 청각, 미각, 후각을 특수감각이라 한다.

68. 말 산출 및 지각과 관련된 뇌신경이 아닌 것은?

① 동안신경(CN Ⅲ)
② 삼차신경(CN Ⅴ)
③ 안면신경(CN Ⅶ)
④ 미주신경(CN Ⅹ)
⑤ 설하신경(CN Ⅻ)

■ 말 산출 및 지각과 관련된 뇌신경은 삼차신경(하악운동), 안면신경(안면근운동), 전정와우신경(청자극 감수), 미주신경(성대진동), 설하신경(혀운동)이 있다.

69. 뇌척수액 검사를 위한 요추천자(lumbar puncture)의 부위는?

① 제1요추와 제2요추 사이
② 제2요추와 제3요추 사이
③ 제3요추와 제4요추 사이
④ 제4요추와 제5요추 사이
⑤ 제5요추와 천추 사이

70. GABA와 글리신(glycine)은 시냅스후막을 과분극시키기 때문에 억제성 신경전달물질이라고 한다. 어떤 이온 통로를 개방시키기 때문인가?

① Cl$^-$　　　　② Na$^+$
③ K$^+$　　　　④ Ca^{2+}
⑤ Mg^{2+}

■ GABA 수용체와 글리신(glycine)은 (　　)의 투과도를 증가시켜 세포 안을 더욱 음성으로 기울게 한다.

71. 뇌와 뇌실을 연결한 것이다. 관계가 없는 것은?

① 대뇌-측뇌실
② 중뇌-제2뇌실
③ 간뇌-제3뇌실
④ 뇌교-제4뇌실
⑤ 연수-제4뇌실

■ 대뇌반구에는 측뇌실(lateral ventricle), 간뇌에는 제3뇌실(third ventricle), 뇌교, 연수, 소뇌로 둘러싸인 곳에는 제4뇌실(fourth ventricle)이 있다. 중뇌의 신경관은 발달하지 않았기 때문에 내면의 공간을 중뇌수도(cerebral aqueduct)라고 한다.

72. 부신경과 경신경의 이중지배를 받는 근육은?

> 가. 흉쇄유돌근   나. 관경근
> 다. 승모근   라. 광배근

① 가, 나, 다   ② 가, 다
③ 나, 라   ④ 라
⑤ 나, 다, 라

■ 흉쇄유돌근(sternocleidomastoid)과 승모근(trapezius)은 두부의 굴곡에 관여하는 근육으로 제XI뇌신경인 부신경과 척수신경인 경신경의 지배를 받고 있다. 광경근은 제VII뇌신경인 안면신경, 광배근은 척수신경인 흉배신경의 지배를 받는다.

73. 다음 중 뇌척수액(CSF)이 생산되는 곳은?

① 맥락막   ② 활막   ③ 지주막
④ 맥락총   ⑤ 공막

■ 뇌척수액은 뇌실의 맥락총(choroid plexus)에서 분비된다. 맥락총이란 뇌의 연막과 풍부한 혈관이 합쳐져 형성된 상피조직의 일종이다.

74. 슬개건반사(knee-jerk reflex) 검사 부위로 이용되는 근육은?

① 봉공근   ② 대둔근
③ 대퇴이두근   ④ 넙치근
⑤ 대퇴사두근

■ 슬개건을 망치로 가볍게 두드리면 대퇴사두근이 순간적으로 늘어나게 되고, 이 근육에 분포된 근방추(muscle spindle)가 자극된다. 이로 인하여 발생된 흥분이 구심신경을 거쳐 척수로 들어가 단일 시냅스를 이룬 후, 같은 쪽의 전각세포에 전달되어 운동신경을 흥분시킴으로써 신근들이 반사적으로 수축하여 하지가 신전되는 반사를 슬개건반사라고 한다.

75. 다음 중 뇌신경(cranial nerve)이 분포하지 않는 근육은?

① 승모근   ② 흉쇄유돌근
③ 악이복근   ④ 대흉근
⑤ 안륜근

■ 승모근, 대흉근: 부신경(CN XI)과 경신경
대흉근: 내외측흉신경(척수신경)
안륜근: 안면신경(CN VII)
악이복근: 하악신경(CV의 3지)

76. 다음 중 중추신경계(CNS)가 아닌 것은?

① 미주신경   ② 중뇌   ③ 척수
④ 시상하부   ⑤ 대뇌

■ 중추신경은 본질적으로 뇌와 척수를 가리킨다.

77. 골격근(skeletal m.)의 수축을 유발시키는 신경전달물질은?

① dopamine   ② norepinephrine
③ acetylcholine   ④ epinephrine
⑤ glycine

■ 골격근의 수축운동은 체신경이 지배하기 때문에 신경전달물질은 acetylchorine이다. 반면에 평활근은 교감 및 부교감신경의 2중지배를 받기 때문에 acetylchorine과 norepinephrine의 효과기가 된다.

78. 골격근을 지배하는 운동뉴런(motor neuron)은?

① 단극뉴런   ② 양극뉴런
③ 유사단극뉴런   ④ 무극뉴런
⑤ 다극뉴런

■ 양극뉴런: 눈의 망막이나 귀의 와우신경절 등의 특수감각기 구성뉴런
다극뉴런: 골격근을 지배하는 운동뉴런

79. 산소에 민감하며 재생이 가장 어려운 세포는?

① 골세포   ② 근육세포
③ 신경세포   ④ 지방세포
⑤ 연골세포

■ 신경세포는 분화가 잘되어 있어서 재생이 어렵고, 또한 산소에 매우 민감하다.

80. 다음 중 신경교세포(neuroglia)에 속하지 않는 것은?

① 성상교세포(astrocyte)
② 미세교세포(microglia)
③ 희돌기세포(oligodendrocyte)
④ 배상세포(goblet cell)
⑤ 뇌실막세포(ependymal cell)

■ 신경교세포는 신경세포를 지주 및 보호하는 중추신경계의 간질조직으로 성상교세포, 미세교세포, 희돌기세포, 뇌실막세포가 있으며, 말초신경계의 지지세포로는 슈반세포와 위성세포가 있다.

연습문제 II

※설명에 알맞은 용어를 왼쪽의 빈칸에 쓰시오.

① _____ :　자극의 강도에 따라 흥분하거나 혹은 하지 않는 현상

② _____ :　뇌신경(cranial n.) 중 동안신경(CN III)과 활차신경(CN IV)이 기시하는
　　　　　　　　　　　부위

③ _____ :　심장, 호흡 및 내장운동에 관여하는 뇌신경

④ _____ :　뇌척수액(CSF)이 생산되는 곳

⑤ _____ :　대뇌에서 척수까지 시냅스 없이 하향 운동하는 전도로

⑥ _____ :　혈장 내 특정 분자들이 중추신경계(CNS)로 들어가는 것을 선택적
　　　　　　　　　　　으로 방지하는 구조

⑦ _____ :　감각과 운동의 혼합신경으로 뇌신경 가운데 가장 길고 광범위하게
　　　　　　　　　　　분포하는 것

⑧ _____ :　유수신경섬유에서 수초와 수초 사이에 수초로 덮여 있지 않은 짧은
　　　　　　　　　　　마디

⑨ _____ :　세포 내 유전정보를 함유한 유전인자의 주요 구성성분

⑩ _____ :　인체의 구성, 기능, 유전상의 기본단위

⑪ _____ :　골격근의 불응기(refractory period)

⑫ _____ :　활동전위가 발생될 수 있는 최소의 자극 강도

⑬ _____ :　산소(O_2)에 가장 민감한 세포

⑭ _____ :　저작근(masticatory m.)을 지배하는 신경

⑮ _____ :　뉴런의 세포로부터 나온 신호를 다른 뉴런으로 보내는 통로

⑯ _____ :　횡격막을 지배하는 신경

⑰ _____ :　국소전류가 축삭의 랑비에마디에서만 전도되는 현상

⑱ _____ :　척수의 전근(anterior root)은 운동성이고, 후근(posterior root)은 감각
　　　　　　　　　　　성이라는 법칙

해답(Answers)

04 주요 용어 익히기

1. ① 탈분극 ② 지주막/거미막 ③ 신경교세포 ④ 길항효과 ⑤ 안정막전위 ⑥ 도약전도 ⑦ 신경초 ⑧ 불응기 ⑨ 성상교세포 ⑩ 실무율 ⑪ 망막 ⑫ 혈뇌장벽 ⑬ 활차신경 ⑭ (신경의) 이중지배 ⑮ 중심후회 ⑯ 투쟁–도피반응 ⑰ 축상경화증 ⑱ 축삭말단 ⑲ 경신경총 ⑳ 뇌척수액

2. ① soma/cell body ② neurotransmitter ③ axon ④ spinal cord ⑤ nucleus ⑥ olfactory nerve ⑦ cranial nerve ⑧ sympathetic nerve ⑨ vagus nerve ⑩ central nervous system ⑪ action potential ⑫ reflex arc

4-1

① 뇌(brain) ② 척수(spinal cord) ③ 체성신경계(somatic nerve system) ④ 자율신경계(autonomic nerve system) ⑤ 대뇌(cerebrum) ⑥ 간뇌(diencephalon) ⑦ 뇌신경(cranial nerves) ⑧ 척수신경(spinal nerves) ⑨ 교감신경(sympathetic nerves) ⑩ 부교감신경(parasympathetic nerves)

4-2

① 수상돌기(dendrite) ② 핵(nucleus) ③ 세포체(soma) ④ 축삭(axon) ⑤ 마이엘린 수초(myelin) ⑥ 랑비에마디(node of Ranvie) ⑦ 슈반세포(schwann cell) ⑧ 축삭종말(axon terminal)

4-3

① 신경충동이 시냅스 전 축삭의 신경종말구(end bulb)에 도달한다. ② 신경충동의 탈분극은 전위의존성 Ca^{2+} 채널을 열리게 한다. 칼슘 이온들은 세포외액의 농도를 높이기 때문에 결국 열린 채널을 통해 Ca^{2+}가 안으로 유입된다. ③ 시냅스 전 뉴런 안에 있는 Ca^{2+} 농도의 증가는 시냅스 소낭의 세포외액의 배출을 촉진한다. 소낭막(vesicle membrane)이 원형질막(plasma membrane)과 합쳐지면 소낭 안에 있던 신경전달물질 분자들은 시냅스 틈 안으로 방출된다. 하나의 시냅스 소낭에는 수천 개의 신경전달물질 분자들이 들어 있다. ④ 신경전달물질 분자들은 시냅스 틈으로 분산되고 시냅스 후 뉴런의 원형질막에 있는 수용체로 모여든다. ⑤ 리간드개폐형 통로(Ligand–gated channel)를 통하여 수용체로 모여든 신경전달물질 분자들은 채널을 열어 특정한 이온이 막을 통해 들어오도록 한다. ⑥ 이온들이 열린 채널을 통해 흐르게 됨에 따라 막 주위의 전압이 변화하여 시냅스 후 전위(postsynaptic potential)에 도달한다. 어떤 이온들을 받아들이느냐에 따라 탈분극(depolarization)이 될 수도 있고, 과분극(hyperpolarization)이 될 수도 있다. 예를 들어, 나트륨 양이온(Na^+) 채널의 개방은 탈분극(즉, 흥분)을 일으키게 하는 Na^+의 유입을 허용한다. ⑦ 탈분극에 도달한 시냅스 후 전위가 역치(threshold)에 도달하면 시냅스 후 뉴런의 축삭에서 활동전위(action potential)를 촉진시킨다.

4-4

① 감각수용기(sensory receptor)는 수용기전위(receptor potential)에 의해 감각자극을 탐지한다. ② 감각뉴런(sensory neuron) 또는 구심성 뉴런은 축삭(axon)을 통해 수용기로부터 받은 자극을 척수의 후근을 거쳐 후각세포로 전달한다. ③ 통합중추(integrating center) 또는 반사중추(reflex center)는 대뇌를 거치지 않고 척수 안에서 중간뉴런(interneuron)을 거쳐 전각세포에서 연접을 한 뒤 운동뉴런으로 자극을 전달한다. ④ 운동뉴런(motor neuron) 또는 구심성 뉴런은 축삭을 통해 통합중추로부터 효과기로 자극을 전달한다. ⑤ 효과기(effector)는 운동뉴런을 통해 근육의 수축을 유발한다.

4-5

① 역치/발화점(threshold) ② 탈분극(depolarization) ③ 정점(peak) ④ 재분극(repolarization) ⑤ 과분극(hyperpolarization) ⑥ 안정막전위(resting membrane potential)

4-6

① 지주막하 공간(subarachnoid space) ② 경막(dura mater) ③ 지주막(arachnoid mater) ④ 연막(pia mater) ⑤ 두개골(skull)

4-7

① 측뇌실(lateral ventricle) ②실간공(interventricular foramen) ③제3뇌실(third ventricle) ④중뇌수도(cerebral aqueduct) ⑤ 제4뇌실(fourth ventricle) ⑥ 중심관(central canal)

4-8

① olfactory nerve ② optic nerve ③ oculomotor nerve ④ trochlear nerve ⑤ trigeminal nerve ⑥ abducens nerve ⑦ facial nerve ⑧ vestibulocochlear nerve ⑨ glossopharyngeal nerve ⑩ vagus nerve ⑪ accessory nerve ⑫ hypoglossal nerve

연습문제 해답 I

1. ④	2. ④	3. ⑤	4. ③	5. ①	6. ⑤	7. ②	8. ④	9. ⑤	10. ②
11. ③	12. ①	13. ④	14. ④	15. ②	16. ④	17. ②	18. ④	19. ③	20. ②
21. ②	22. ②	23. ②	24. ②	25. ②	26. ③	27. ③	28. ③	29. ⑤	30. ②
31. ④	32. ③	33. ①	34. ②	35. ③	36. ③	37. ①	38. ④	39. ②	40. ②
41. ①	42. ③	43. ①	44. ⑤	45. ④	46. ②	47. ②	48. ③	49. ③	50. ④
51. ⑤	52. ①	53. ①	54. ②	55. ②	56. ⑤	57. ②	58. ①	59. ③	60. ③
61. ④	62. ①	63. ⑤	64. ③	65. ①	66. ③	67. ②	68. ①	69. ③	70. ①
71. ②	72. ②	73. ④	74. ⑤	75. ④	76. ①	77. ③	78. ⑤	79. ③	80. ④

연습문제 해답 II

① 실무율(all-or-none principle)　② 중뇌(mid brain)　③ 미주신경(vagus n.)　④ 맥락총(choroid plexus)　⑤ 추체로(pyramidal tract)　⑥ 혈뇌장벽(blood-brain barrier)　⑦ 0.001초　⑧ 랑비에마디(node of Ranvier)　⑨ deoxyribonucleic acid(DNA)　⑩ 세포(cell)　⑪ 미주신경(vagus n.)　⑫ 역치(threshold)　⑬ 신경세포(neuron)　⑭ 맹장(ceccum)　⑮ 축삭(axon)　⑯ 경신경(cervical n.)　⑰ 도약전도(saltatory conduction)　⑱ 벨-마겐디 법칙(Bell-Magendie's law)

제5장

뇌와 언어

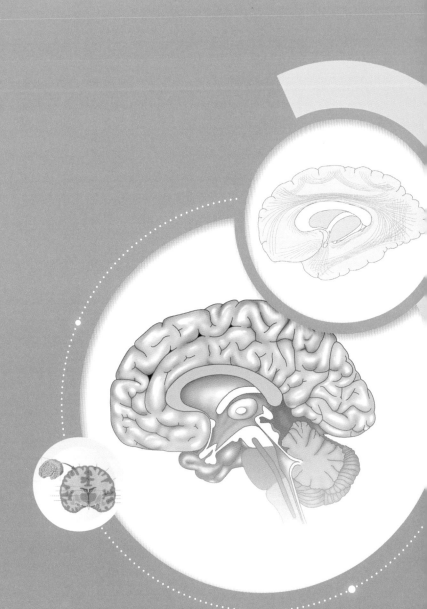

05 주요 용어 익히기

1. 다음 용어를 국문으로 바꾸시오.

① globus pallidus ＿＿＿＿＿＿   ② arcuate fasciculus ＿＿＿＿＿

③ angular gyrus ＿＿＿＿＿＿   ④ reticular formation ＿＿＿＿＿

⑤ amnesia ＿＿＿＿＿＿   ⑥ agraphia ＿＿＿＿＿＿

⑦ diencephalon ＿＿＿＿   ⑧ cerebrovascular accident ＿＿＿

⑨ hippocampus ＿＿＿＿＿＿   ⑩ pituitary gland ＿＿＿＿＿

⑪ amygdaloid ＿＿＿＿＿＿   ⑫ corpus callosum ＿＿＿＿＿

⑬ retention ＿＿＿＿＿＿   ⑭ hemiplegia ＿＿＿＿＿＿

⑮ commissural fiber ＿＿＿＿   ⑯ caudate nucleus ＿＿＿＿＿

⑰ cerebral dominance ＿＿＿   ⑱ perfrontal area ＿＿＿＿＿

⑲ lateral fissure ＿＿＿＿＿   ⑳ scanning speech ＿＿＿＿

2. 다음 용어를 영문으로 바꾸시오.

① 뇌교 ＿＿＿＿＿＿   ② 실어증 ＿＿＿＿＿＿

③ 기저핵 ＿＿＿＿＿＿   ④ 연수 ＿＿＿＿＿＿

⑤ 소뇌 ＿＿＿＿＿＿   ⑥ 연합섬유 ＿＿＿＿＿

⑦ 두정엽 ＿＿＿＿＿＿   ⑧ 시상 ＿＿＿＿＿＿

⑨ 실행증 ＿＿＿＿＿＿   ⑩ 실인증 ＿＿＿＿＿＿

⑪ 후두엽 ＿＿＿＿＿＿   ⑫ 대뇌피질 ＿＿＿＿＿

[5-1]은 대뇌피질(cerebral cortex)의 구조를 보여 준다. 번호에 알맞은 명칭을 영문으로 쓰시오.

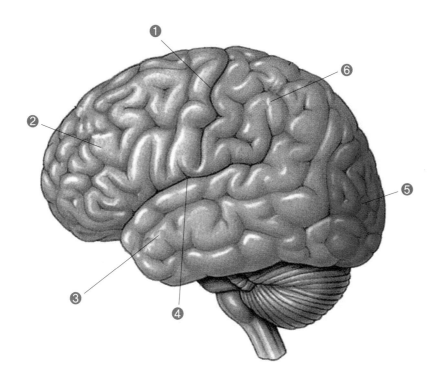

❶ _____   ❷ _____

❸ _____   ❹ _____

❺ _____   ❻ _____

어원으로 익히는 전문용어

어근 oste—는 '뼈(bone)'를, 어근 −myel은 '척수'를, 접미사 −itis는 '염증(inflammation)'을 의미한다. 따라서 osteomyelitis 는 '골수염'을 의미한다.

유사한 예) osteology(어근 oste− + 접미사 −ology 'study of') = 골학

[5-2]는 대뇌피질(cerebral cortex)의 주요 영역을 보여 준다. 번호에 알맞은 명칭을 쓰시오.

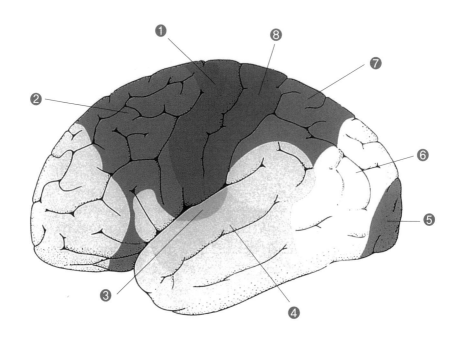

❶ _____   ❷ _____

❸ _____   ❹ _____

❺ _____   ❻ _____

❼ _____   ❽ _____

어원으로 익히는 전문용어

어근 audi-는 '듣기'를, 접미사 -ology는 'study of'를 의미한다. 따라서 audiology는 '청각학'을 의미한다.

유사한 예) audiosensory area(어근 audi- + 결합형 모음(o) + sensory area '감각영역') = 청감각영역

어근 ot-는 '귀'를, 접미사 -ology는 'study of'를 의미한다. 따라서 otology는 '이과학'을 의미한다.

유사한 예) ototoxicity(어근 ot- + 결합형 모음(o) + toxicity '독성') = 이독성

[5-3]은 대뇌피질(cerebral cortex)의 세부 영역을 보여 준다. 번호에 알맞은 명칭을 쓰시오.

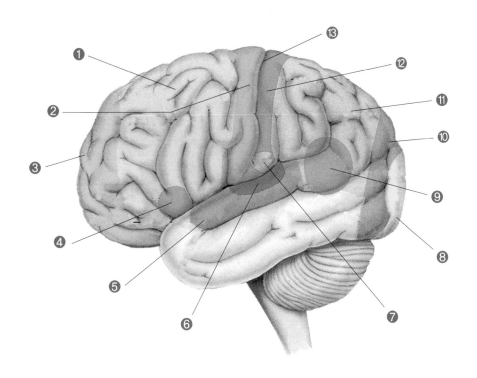

❶ _____   ❷ _____

❸ _____   ❹ _____

❺ _____   ❻ _____

❼ _____   ❽ _____

❾ _____   ❿ _____

⓫ _____   ⓬ _____

⓭ _____

[5-4]는 대뇌반구의 편재화(lateralization)를 보여 준다. 번호에 알맞은 기능을 쓰시오.

[좌뇌의 기능]

❶
❷
❸
❹

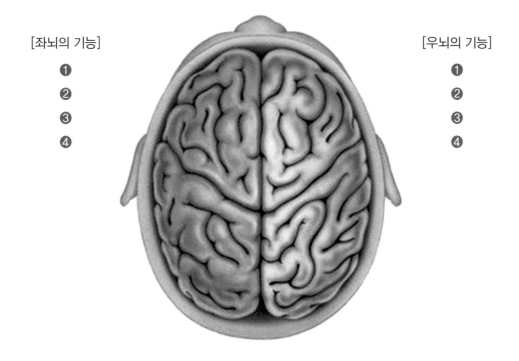

[우뇌의 기능]

❶
❷
❸
❹

[좌뇌의 기능]

❶ _____

❷ _____

❸ _____

❹ _____

[우뇌의 기능]

❶ _____

❷ _____

❸ _____

❹ _____

어원으로 익히는 전문용어

부정의 접두사 dys-는 '악화' 또는 '불량'을, 어근 -lex는 '단어(word)' 또는 '구(phrase)'를, 접미사 -ia는 '증세'를 의미한다. 따라서 dyslexia는 '읽기장애'를 의미한다.
유사한 예) alexia(부정의 접두사 a- 'not' + 어근 -lex + 접미사 -ia) = 실독증

접두사 brady-는 '느린(slow)'을, 어근 -kines는 '움직임(movement)'를, 접미사 -ia는 '증세'를 의미한다. 따라서 bradykinesia는 '운동완서증', 또는 운동느림증'을 의미한다.
유사한 예) hyperkinesis(접두사 hyper- '과도한 ' + kines + 접미사 -is '증세') = 운동과다증

[5-5]는 뇌(brain)의 정중 시상면 구조를 보여 준다. 번호에 알맞은 명칭을 쓰시오.

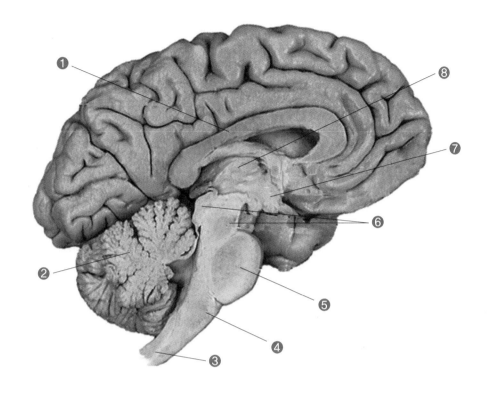

❶ _____ ❷ _____

❸ _____ ❹ _____

❺ _____ ❻ _____

❼ _____ ❽ _____

어원으로 익히는 전문용어

어근 bi—는 '생명(life)'를, 접미사 –opsy는 '보다(to view)'를 의미한다. 따라서 biopsy는 '생체검사' 또는 '생검'을 의미한다.

유사한 예) necropsy(어근 necro '사체' + opsy '보다') = 검시, 부검(=autopsy)

어근 necro '죽음(death)' 또는 '사체(corpse)'를, 접미사 –osis는 '상태(condition)'를 의미한다. 따라서 necrosis는 '괴사'를 의미한다.

유사한 예) hydronephrosis(어근 hydro '물' + nephro '신장' + 접미사 –osis) = 수신증(신장에 물이 차는 증세)

[5-6]은 주요 영역에 대한 해당 대뇌엽 또는 브로드만 번호를 구별하는 문제이다. 번호에 알맞은 명칭을 쓰시오.

예) 일차미각영역 ············ 브로드만 43번 ············ 두정엽

1. 일차시각영역 ············ ❶ ············ ❷

2. 일차청각영역 ············ ❸ ············ ❹

3. 체성감각연합영역 ············ ❺ ············ ❻

4. 브로카영역 ············ ❼ ············ ❽

5. 모이랑 또는 각회 ············ ❾ ············ ❿

6. 전전두영역 ············ ⓫ ············ 전두엽

7. 후각영역 ············ 28, 34 ············ ⓬

8. 외측구 ············ 16 ············ ⓭

9. 베르니케영역 ············ ⓮ ············ ⓯

10. 전운동영역 ············ ⓰ ············ ⓱

11. 일차체성감각영역 ············ 5, 7 ············ ⓲

12. 시각연합영역 ············ ⓳ ············ 후두엽

13. 섬 또는 도엽 ············ 16 ············ ⓴

[5-7]은 대뇌의 변연계(limbic system)의 구조를 보여 준다. 변연계는 대뇌피질과 시상하부 사이의 경계에 위치한 신경세포의 집단으로 본능의 뇌라고도 한다. 번호에 알맞은 명칭을 쓰시오.

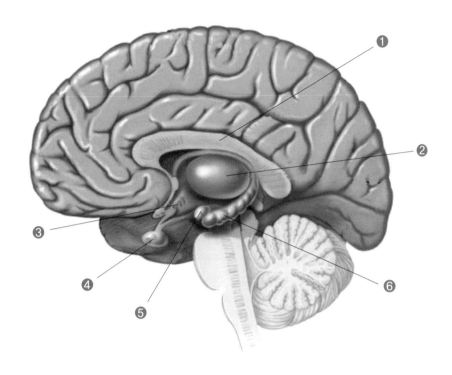

❶ _____　❷ _____

❸ _____　❹ _____

❺ _____　❻ _____

어원으로 익히는 전문용어

접두사 endo–는 '∼내의' 또는 '안에'를, 어근 –crin은 '분비(secrete)'를, 어근 gland는 '선' 또는 '샘'을 의미한다. 따라서 endocrine gland는 '내분비선' 또는 '내분비샘'을 의미한다.
유사한 예) endocrinology(접두사 endo– + 어근 –crin + ology 'study of') 내분비학

어근 enter–는 '소장'을, 접미사 –itis는 '염증(inflammation)'을 의미한다. 따라서 enteritis는 '장염'을 의미한다.
유사한 예) enterogastritis(어근 enter– + 결합형 모음(o) + 어근 gastr '위' + itis) = 위장염

[5~8]은 기저핵(basal nuclei) 구조를 보여 준다. 번호에 알맞은 명칭을 쓰시오.

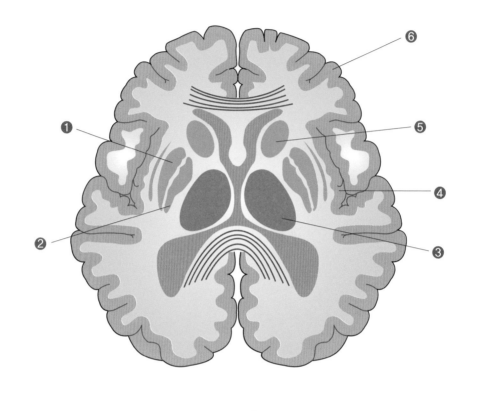

❶ _____   ❷ _____

❸ _____   ❹ _____

❺ _____   ❻ _____

어원으로 익히는 전문용어

어근 cyt(o)−는 '세포(cell)'를, 접미사 −ology는 'study of'를 의미한다. 따라서 cytology는 '세포학'을 의미한다.
유사한 예) cytoplasm(어근 cyt− + 결합형 모음(o) + 어근 plasm '질') = 세포질

어근 cerebro−는 '대뇌(cerebrum)'를, 어근 spinal '척추의'를, 어근 fluid '액체'를 의미한다. 따라서 cerebrospinal fluid는 '뇌척수액'을 의미한다.
유사한 예) cerebrotomy(어근 cerebr− + 결합형 모음(o) + tomy '자르다') = 대뇌절개술

[5-9]는 일련의 연합섬유(association fibers)를 보여 주고 있다. 번호에 알맞은 명칭을 쓰시오.

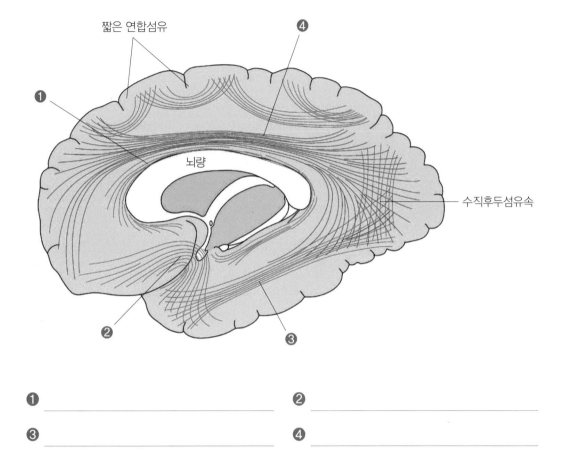

❶ _____   ❷ _____

❸ _____   ❹ _____

어원으로 익히는 전문용어

어근 cephal(o)-는 '머리(head)'를, 어근 -hemat는 '혈액(blood)'을, 접미사 -oma는 '종양(tumor)'을 의미한다. 따라서 cephalohematoma는 '머리혈종'을 의미한다.

유사한 예) cephalometry(어근 cephal- + 결합형 모음(o) + 접미사 -metry '측정') = 두개계측

접두사 dia-는 '통하여(through)'를, 어근 gnos-는 '지식(knowledge)'를, 접미사 -sis '상태(state of)'를 의미한다. 따라서 diagnosis는 '진단'을 의미한다.

유사한 예) prognosis(접두사 pro- '이전(before)' + 어근 gnos + 접미사 -sis) = 예후

[5-10]은 간뇌의 구조를 보여 준다. 번호에 알맞은 명칭을 쓰시오.

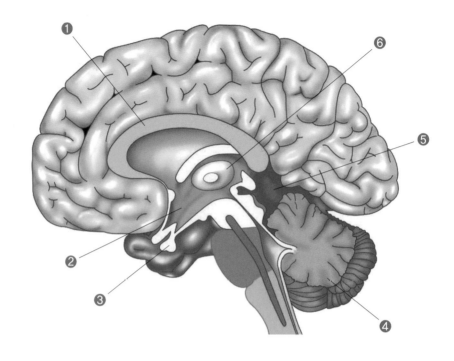

❶ _____   ❷ _____

❸ _____   ❹ _____

❺ _____   ❻ _____

뇌와 언어 관련 질병 명칭

뇌졸중 stroke	뇌성마비 cerebral palsy	마비말장애 dysarthria
파킨슨병 Parkinson's disease	실어증 aphasia	실행증 apraxia
헌팅턴병 Huntington's disease	조울증 manic depression	우울증 depression
인지장애 cognitive impairment	착어증 paraphasia	기억상실증 amnesia
알츠하이머병 Alzheimer's disease	치매 dementia	무도병 chorea
언어장애 language disorders	말소리장애 speech disorders	읽기장애 dyslexia
착문법증 paragrammatism	실문법증 agrammatism	보속증 perseveration
소뇌위축증 cerebellar atrophy	운동실조증 ataxia	쓰기장애 dysgrahia
전보문식 말소리 telegraphic speech	실인증 agnosia	지적장애 intellectual disorders
의사소통장애 communication disorders	실률증 aprosodia	언어지체 language delay
언어발달장애 language developmental disorders	반향증 echolaria	조증 mania

[5-11]은 측면에서 본 뇌간(brain stem)의 구조를 보여 준다. 뇌간을 구성하는 중뇌(midbrain), 뇌교(pons), 연수(medulla oblongata)의 주요한 기능에 대하여 간단히 요약해 보시오.

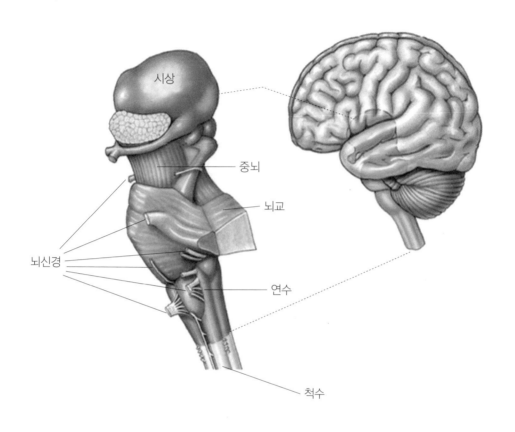

❶ 중뇌: _____

_____

❷ 뇌교: _____

_____

❸ 연수: _____

_____

[5-12]는 망상체(reticular formation) 구조를 보여 준다. 주요한 기능에 대하여 간단히 요약해 보시오.

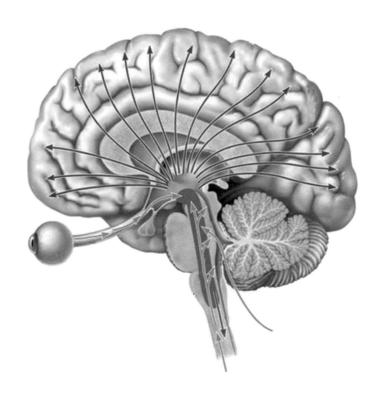

❶ _____

_____

❷ _____

_____

❸ _____

_____

어원으로 익히는 전문용어

어근 enter-는 '소장'을, 어근 -pathy는 '질병상태(disease condition)'를 의미한다. 따라서 enteropathy는 '장질환'을 의미한다.

유사한 예) adenopathy(어근 aden- '선' 또는 '샘' + 결합형 모음(o) + 접미사 -pathy '질병상태') = 선병증

[5-13]은 대뇌의 언어처리 과정을 보여 주고 있다. 단계별로 아는 바를 기술하시오.

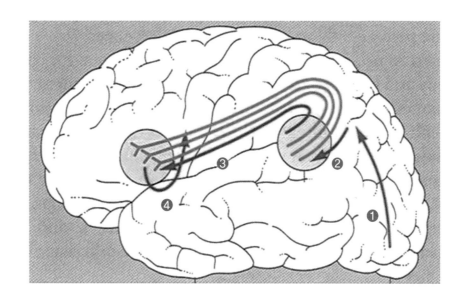

❶ _____

_____

❷ _____

_____

❸ _____

_____

❹ _____

_____

어원으로 익히는 전문용어

어근 nephr(o)–는 '신장(kidney)'을, 접미사 –itis는 '염증(inflammation)'을 의미한다. 따라서 nephritis는 '신장염'을 의미한다.
유사한 예) nephrology(어근 nephr– + 접미사 –ology 'study of') = 신장병학

연습문제 I

1. 뇌간(brain stem)의 순서가 상위 뇌부터 순서대로 되어 있는 것은?

① 간뇌–중뇌–연수–뇌교
② 간뇌–중뇌–뇌교–연수
③ 간뇌–연수–중뇌–뇌교
④ 간뇌–연수–뇌교–중뇌
⑤ 연수–중뇌–뇌교–간뇌

▌뇌간이란 대뇌와 소뇌를 제외한 부위, 즉 뇌의 줄기인 간뇌, 중뇌, 뇌교, 연수를 말하며 생명에 관한 반사중추가 밀집되어 있는 곳이다.

2. 사고의 최고 중추 부위는?

① 소뇌피질   ② 내뇌수질
③ 연수   ④ 대뇌피질
⑤ 시상하부

▌대뇌피질은 약 100억 개의 뉴런으로 이뤄져 있으며 감각, 운동, 사고, 기억, 의식, 감정의 중추 역할을 한다.

3. 대뇌피질의 브로드만영역(Brodmann area)에서 시각의 중추 부위는?

① 제14영역   ② 제17영역
③ 제41영역   ④ 제44영역
⑤ 제50영역

▌시각영역은 후두엽이며, Brodmann영역으로는 제17영역이다. Brodmann은 대뇌피질을 47개 영역, 대뇌수질은 5개 영역으로 구분하여 총 52개 영역으로 나누고 영역별로 Brodmann 번호를 사용하였다.

4. 단기기억에서 장기기억으로 전환되게 하는 부위는?

① 흑질   ② 궁상섬유속
③ 대뇌각   ④ 해마
⑤ 시상

▌(   )은/는 단기기억을 할 수 있는 곳이며, 단기기억을 장기기억으로 통합시키는 곳이기도 하다.

5. 언어장애(language disorder)라기보다는 말장애(speech disorder)에 속하는 것으로 볼 수 있는 것은?

① 실어증   ② 신경학적 말더듬
③ 실인증   ④ 실서증
⑤ 치매로 인한 언어장애

6. 마비말장애의 특징으로 적합하지 않은 것은?

① 호흡장애를 동반하지 않는다.
② 말 산출기관의 약화에 기인할 수 있다.
③ 선천적 혹은 후천적일 수 있다.
④ 경직성과 이완성이 있다.
⑤ 중추신경계 또는 말초신경계의 손상에 기인한다.

7. 다음 중 대뇌피질과 기능영역을 연결한 것 중 잘못된 것은?

① 측두엽–청각중추
② 중심후회–체성감각중추
③ 두정엽–미각중추
④ 중심전회–운동중추
⑤ 후두엽–감각중추

8. 다음 중 성욕 같은 본능적인 욕구의 중추는?

① 연수   ② 시상
③ 시상하부   ④ 간뇌
⑤ 중뇌

▌감정, 성욕, 허기, 공포 같은 본능적 욕구는 뇌의 구조물 중에서 (   ) 와 변연계가 가장 중요하다.

9. 다음 중 뇌교(pons)와 척수(spinal cord)를 연결하는 중간 부위는?

① 간뇌   ② 중뇌   ③ 소뇌
④ 연수   ⑤ 뇌교

▌cerebrum ↔ diencephalon ↔ midbrain pons ↔ medulla oblongata ↔ spinal cord

10. 다음 중 뇌반사가 아닌 것은?

① 구토반사   ② 각막반사
③ 슬개건반사   ④ 타액반사
⑤ 호흡반사

11. 다음 중 연결이 옳은 것은?

가. 소뇌-평형감각	나. 시상하부-호흡중추
다. 연수-체온조절	라. 시상-운동중추
마. 간뇌-심장중추	

① 가   ② 가, 라
③ 가, 다, 마   ④ 나, 라
⑤ 가, 나, 다, 라

12. 중추신경계에 속하지 않는 것은?
① 연수
② 뇌간
③ 중뇌
④ 척수
⑤ 미주신경

13. 대뇌피질 부위와 그 기능이 잘못 연결된 것은?
① 전두엽–표현언어 및 운동
② 후두엽–시각 및 후각
③ 두정엽–촉각 및 운동감각
④ 측두엽–청각 및 수용언어
⑤ 도엽–기억 및 학습

14. 숙달된 운동에 결함을 초래할 수 있는 손상 부위는?
① pons
② limbic system
③ medulla oblongata
④ thalamus
⑤ cerebellum

15. 뇌의 좌뇌반구와 우뇌반구를 구분하는 것은?
① lateral sulcus
② central sulcus
③ corpus callosum
④ longitudinal fissure
⑤ central gyrus

16. 일차체성감각피질이 있는 영역은?
① frontal lobe
② temporal lobe
③ parietal lobe
④ occipital lobe
⑤ insular lobe

17. 시각정보가 제일 처음 전달되는 대뇌피질은?
① frontal lobe
② temporal lobe
③ parietal lobe
④ occipital lobe
⑤ insular lobe

18. 의도적인 운동을 할 때 운동의 방향, 속도, 힘 등의 협응을 담당하는 부위는?
① cranial nerve
② spinal cord
③ cerebellum
④ white matter
⑤ diencephalon

19. 가장 많은 뇌신경이 분포하는 뇌 부위는?
① thalamus
② brain stem
③ diencephalon
④ limbic system
⑤ hypothalamus

20. 일차운동피질(primary motor cortex)이 있는 영역은?
① temporal lobe
② precentral gyrus
③ post central gyrus
④ thalamus
⑤ sylvius fissure

21. 시상하부의 기능이라고 할 수 없는 것은?
① 자율신경 종합중추
② 체온조절
③ 호르몬 합성
④ 호흡조절
⑤ 본능 욕구조절
▌호흡조절중추: 연수

22. 다음 중 기저핵의 손상 시 발생되는 증상은?
① 무도병
② 고혈압
③ 치매
④ 말단비대증
⑤ 당뇨병

23. 운동실어증을 유발하는 대뇌피질영역은?
① 변연계
② 브로카영역
③ 베르니케영역
④ 후두엽
⑤ 두정엽
▌운동실어증: 근육의 이상은 없으나 발음이 되지 않는 언어 장애, 감각실어증: 언어는 유창하나 무슨 말인지 청자가 인지할 수 없는 언어장애

24. 감각실어증을 유발하는 대뇌피질영역은?
① 브로카영역
② 베르니케영역
③ 변연계
④ 측두엽
⑤ 시상하부

25. 실어증을 유발하는 가장 흔한 원인은?
① 뇌졸중(stroke)
② 뇌의 외상(trauma)
③ 뇌막염(meningitis)
④ 약물남용(drug abuse)
⑤ 치매(dementia)

26. 브로카영역이 위치하는 대뇌엽은?
① temporal lobe
② parietal lobe
③ insula
④ occipital lobe
⑤ frontal lobe

27. 따라 말하기 기능이 떨어지는 특징을 가진 실어증은?

① 전도실어증 ② 브로카실어증
③ 연결피질실어증 ④ 명칭실어증
⑤ 전도실어증과 브로카실어증

28. 베르니케실어증을 바르게 설명한 것은?

① 이름대기 능력은 좋은 편이다.
② 대화가 비교적 순조롭게 이루어진다.
③ 말의 운율은 잘 유지되는 편이다.
④ 따라 말하기는 이름대기 능력에 비해 비교적 양호하다.
⑤ 청각적 언어 이해는 비교적 양호하다.

29. 반향어(echolalia)를 보이는 실어증은?

① global aphasia
② conduction aphasia
③ Wernicke's aphasia
④ transcortical aphasia
⑤ Broca's aphasia

30. 실어증 환자에게 말을 시켰더니 문법을 무시하고 발화하였다면 어떤 실어증 유형인가?

① 연결피질운동실어증
② 전도실어증
③ 베르니케실어증
④ 브로카실어증
⑤ 연결피질감각실어증

31. 브로카영역과 베르니케영역을 연결해 주는 연합섬유는?

① 궁상섬유속(arcuate fasciculus)
② 뇌량(corpus callosum)
③ 대뇌종렬(longitudinal cerebral fissure)
④ 각회(angular gyrus)
⑤ 해마(hippocampus)

■ 브로카와 베르니케 영역은 구상섬유속으로 연결되어 있는데, 이들이 손상되면 구절(phrase)을 반복하지 못하는 전도실어증을 보인다.

32. 구어실행증(AOS)의 원인으로 가장 적절한 설명은?

① 말초신경 가운데 뇌신경의 문제 때문이다.
② 일련의 조음운동 계획의 실패 때문이다.
③ 중추신경 가운데 주운동피질의 손상 때문이다.
④ 말기제 근육조정의 실패 때문이다.
⑤ 각회의 손상에 기인한다.

33. 시각이나 운동장애가 없는데도 글을 쓰는 데 어려움이 있는 장애는?

① anomia ② dysarthria
③ alexia/dyslexia ④ agraphia/dysgraphia
⑤ apraxia

34. 감각 및 생리적인 장애가 없는데도 다른 사람의 말뜻을 이해하지 못하는 장애는?

① 말실인증(verbal agnosia)
② 시각실인증(visual agnosia)
③ 촉각실인증(tactile agnosia)
④ 기억실인증(memory agnosia)
⑤ 자가국소실인증(autopagnosia)

35. 기저핵의 종류가 아닌 것은?

① 선조체 ② 치상핵 ③ 렌즈핵
④ 미상핵 ⑤ 담창구

■ 기저핵은 미상핵(caudate nucleus), 피각(putamen)과 담창구(globus pallidus)를 포함하는 렌즈핵(lenticular nucleus), 전장(claustrum) 및 편도체(amygdaloid body)로 구성되어 있다. 치상핵은 소뇌핵이다.

36. 읽기장애(dyslexia)와 가장 관련이 깊은 뇌손상 부위는?

① 횡회(Herschl's gyrus)
② 각회(angular gyrus)
③ 조거구(calcarine sulcus)
④ 변연계(limbic system)
⑤ 시상하부(hypothalamus)

37. 태아의 뇌에서는 보이지만 성인의 경우 외부에서 보이지 않는 대뇌엽은?

① 전두엽 ② 두정엽 ③ 측두엽
④ 후두엽 ⑤ 도엽

38. 언어 이해 및 표현능력이 점진적으로 퇴행하는 장애는?

① 치매
② 우뇌손상
③ 주의력결핍과잉행동장애
④ 뇌성마비
⑤ 자폐

39. 대뇌피질 중심구 앞쪽의 전회는 무슨 영역인가?

① 체감각영역 ② 청각영역
③ 운동영역 ④ 후각영역
⑤ 미각영역

40. 체온조절중추는 다음 중 어디에 있는가?
① 척수　　　　　② 시상하부
③ 연수　　　　　④ 소뇌
⑤ 시상

　▌체온조절중추는 (　　　)의 전시각영역(preoptic area)에 있다.

41. 구어실행증(apraxia)에 대한 설명으로 옳은 것은?
① 자발화에서 읽기 과제보다 나쁜 점수를 얻는다.
② 오류가 규칙적이다.
③ 구강실행증을 동반하는 경우가 드물다.
④ 조음문제와 운율문제에 영향을 미친다.
⑤ 실서증과는 관련이 없다.

42. 낮에 활동할 때, 즉 각성시의 정상적인 뇌파는?
① alpha파　　② beta파　　③ delta파
④ gamma파　　⑤ theta파

　▌alpha파는 눈을 감고 편안한 자세에서 명상에 잠길 때 나타나며, beta파는 주로 낮에 활동할 때 전두엽에서 나타난다. delta파는 어른의 수면 뇌파, 뇌종양과 간질 혹은 중독 시에 나타나며, theta파는 강한 흥분상태 시, 절망에 빠져 있는 상태에서 나타난다.

43. 동공반사중추는 어디에 위치하는가?
① 대뇌　　② 중뇌　　③ 소뇌
④ 간뇌　　⑤ 연수

44. 다음 중 대뇌활동과 관계 있는 것은?
① 슬개건반사　　② 조건반사
③ 복벽반사　　　④ 항문반사
⑤ 기침반사

　▌생후경험이나 학습을 통하여 얻어진 반사를 조건반사(conditioned reflex)라고 한다. 이를 처음 발견한 사람은 러시아의 파블로프(Pavlov)이며, 이것은 대뇌피질의 기능이다.

45. 체지각영역(somatosensory area)과 가장 관계가 깊은 곳은?
① precentral gyrus　② post central gyrus
③ central sulcus　　④ pyramidal tract
⑤ limbic system

46. 다음 중 대뇌반구를 잇는 주요 교련섬유는?
① 궁상섬유속　② 방사관　③ 대상속
④ 궁상속　　⑤ 뇌량

　▌뇌량(corpus callosum)은 좌우 대뇌반구의 신피질을 연결하는 섬유이다.

47. 대뇌의 표층은?
① 백질　　② 흑질　　③ 회백질
④ 중심관　⑤ 적핵

　▌대뇌와 소뇌의 척수와 반대로 표층(피질)이 회색질이고, 심층(수질)은 백질로 되어 있다.

48. 기억의 중추는?
① 변연계　② 추체계　③ 추체외로계
④ 뇌실계　⑤ 연수

　▌(　　)은/는 해마, 대상회, 시상, 시상하부, 기저핵을 총칭하는 것으로 기억의 중추이며 정서감정의 중추이다. 추체계와 추체외로계는 수의 동의 흥분전도로이다. 뇌실계는 측뇌실, 제3뇌실, 중뇌수도, 제4뇌실을 총칭한다.

49. 정상 성인의 뇌 무게로 가장 가까운 것은?
① 500~700g　　② 800~1,000g
③ 1,100~1,500g　④ 1,600~1,900g
⑤ 2,000~2,200g

　▌신생아: 370~400g, 성인남자: 1,350~1,400g, 성인여자: 1,200~1,250g

50. 사람의 대뇌피질의 두께는?
① 약 1~2mm　② 약 2.5~3mm　③ 약 5~6mm
④ 약 6~7mm　⑤ 약 0.5~1.0mm

51. 헌팅턴병과 파킨슨병의 일차적인 손상 부위는 어디인가?
① 추체계(pyramidal system)
② 추체외계(extrapyramidal system)
③ 전체 중추신경계
④ 소뇌유출로(cerebellar outflow tract)
⑤ 변연계(limbic system)

　▌이 질환은 (　　)의 근본이 되는 기저핵의 손상에 기인한다. 기저핵의 기능 이상은 떨림(tremor), 무정위운동(athetosis), 경축(rigidity), 운동완만(bradykinesia)을 유발한다.

52. 일종의 연합피질로 인간에게 발달되어 있으며, 판단 및 예견 같은 고등 정신기능에 기초하여 운동과 행동을 조절하는 곳은?
① 전운동영역　　② 시각연합영역
③ 체성감각영역　④ 전전두영역
⑤ 운동성 언어영역

　▌Brodmann 제9, 10, 11번에 걸쳐 있는 전전두영역(prefrontal area)은 일종의 연합피질로서, 특히 인간에게 발달되어 있는데, 이곳은 판단 및 예견 같은 고위 정신기능에 기초하여 행동과 운동을 조절하는 곳으로 알려져 있다.

53. 신생아에서는 관찰되고 성인에서는 외부에 노출되지 않는 대뇌엽은?

① insular lobe
② parietal lobe
③ temporal lobe
④ occipital lobe
⑤ frontal lobe

54. 제III, IV 뇌신경의 기시(시작하는 부위)는?

① diencephalon   ② midbrain
③ pons   ④ medulla oblongata
⑤ spinal cord

▎뇌교에서 기시하는 뇌신경은 CN V, VI, VII, VIII이고, 연수에서 기시하는 뇌신경은 CN IX, X, XI, XII이다.

55. 깊은 잠 속에 있을 때 특징적으로 나타나는 뇌파는?

① 알파파   ② 베타파   ③ 델타파
④ 세타파   ⑤ 방추파

▎알파파는 주파수 8~12cps, 깨어 있는 성인의 안정된 상태, 베타파는 주파수 14~50cps, 깨어 있는 상태, 델타파는 주파수 3~5cps, 정상 시에는 어린아이에서, 또는 어른에서는 수면 시에만 나타난다.

56. 대뇌피질에서 전두엽과 두정엽의 경계가 되는 것은?

① 중심구   ② 두정후두구   ③ 외측구
④ 뇌량구   ⑤ 해마구

▎전두엽과 두정엽의 경계는 중심구(central sulcus), 두정엽과 후두엽의 경계는 두정후두구(parietooccipital sulcus), 그리고 전두엽과 측두엽의 경계는 외측구 (lateral sulcus)이다.

57. 뇌손상으로 구강근육의 약화나 협응의 문제로 야기되는 말 산출장애는?

① 실서증   ② 구어실행증   ③ 마비말장애
④ 실독증   ⑤ 착어증

58. 선조체(corpus striatum)에 해당하는 것은?

가. 미상핵	나. 편도체
다. 피각	라. 전장

① 가, 나, 다   ② 가, 다
③ 나, 라   ④ 라
⑤ 가, 나, 다, 라

▎기저핵 안에 있는 (   )와/과 (   )은 줄무늬를 이루고 있어 이들을 합하여 선조체(corpus striatum)라고도 한다.

59. 렌즈핵이란 담창구와 (   )를 합쳐서 부르는 명칭이다. (   )에 들어갈 말은?

① 선조체   ② 치상핵   ③ 미상핵
④ 피각   ⑤ 편도체

▎렌즈핵이란 담창구와 (   )이/가 전체적으로 볼록렌즈 모양으로 나타나기 때문에 붙은 명칭이다.

60. 발음이 불가능하게 되는 것(motor aphasia)과 관계가 깊은 것은?

① 시각연합영역
② 체성감각영역
③ 브로카영역
④ 베르니케영역
⑤ 청각연합영역

▎외측구 또는 실비우스 열구 앞의 전두엽에 있는 브로드만 제44영역은 언어에 필요한 종합적인 운동을 지배하는 곳이다.

61. 베르니케(Wernicke)영역이 손상되었다면 어떤 장애가 일어나는가?

① 감각실어증   ② 운동실어증
③ 표현실어증   ④ 운동실행증
⑤ 청각실인증

▎베르니케영역은 측두엽 후방에서 두정엽의 일부에 걸쳐 있다.

62. 다음 중 대뇌피질의 브로드만영역에서 베르니케영역은?

① 17영역   ② 22영역
③ 39영역   ④ 41영역
⑤ 44영역

▎17영역: 시각영역, 39영역: 각회, 41영역: 1차청각영역, 44영역: 브로카영역

63. 말은 유창하게 하나, 말에 의미가 없다면 어느 부위의 손상에 기인한 것인가?

① 브로카영역의 손상
② 베르니케영역의 손상
③ 각회의 손상
④ 전중심영역의 손상
⑤ 궁상섬유속의 손상

64. 뇌파에서 볼 수 있는 세타파(theta wave)의 주파수 범위는?

① 0.5~3Hz   ② 4~7Hz
③ 8~13Hz   ④ 14~20Hz
⑤ 21~30Hz

65. 다음 중 대뇌피질의 후각영역은?

① frontal lobe ② parietal lobe
③ temporal lobe ④ occipital lobe
⑤ insular lobe

▌후각영역은 해마의 일부인 Brodmann 50영역의 내면
이다.

66. 파킨슨병 환자의 말명료도 개선을 위한 가장
적절한 치료목표는?

① 피치 하강 ② 말 속도 증가
③ 피치 유지 ④ 조음정확도 향상
⑤ 음성강도 향상

▌파킨슨병은 신경계 퇴행성질환으로 뇌 흑질의 도파민계
신경이 파괴되는 질병이다. 증상으로는 좁은 보폭의 걸음
걸이, 손떨림, 근육강직, 동작의 완만 등을 들 수 있으
며, 이 병을 가진 사람들의 언어특징은 말소리가 작아지
고, 말 속도가 느려지며, 높낮이(피치의 변화)가 없는 말을
한다.

67. 불수의적 운동을 보이는 마비말장애의 유형은?

① 실조형 ② 이완형 ③ 과대운동형
④ 과소운동형 ⑤ 경직형

68. 무게가 약 170g이며, 신체의 평형감각과 운동,
근육긴장 등을 조절하는 뇌는?

① 대뇌 ② 간뇌 ③ 중뇌
④ 소뇌 ⑤ 연수

▌이 뇌는 뇌교와 연수의 뒤쪽에 위치함으로써 제4뇌실의지
붕을 이루며, 근육의 긴장 등에 관여하여 신체운동의 권고
와 조정에 관여하는 대뇌의 자문기구로서의 역할을 한다.
또한 이 뇌는 전정기관과도 연결되어 있어 몸의 평형 유지
와 조절에 긴요하게 작용한다.

69. 운동성 실어증은 (   )영역의 장애로 발생하
는 것이다. (   ) 안에 알맞은 말은?

① 변연계 ② 투사야 ③ 연합
④ 운동 ⑤ 감각

70. 길항반복불능증(dysdiadochokinesia)과 관계가
깊은 곳은?

① 대뇌피질 ② 변연계 ③ 소뇌
④ 시상하부 ⑤ 연수

71. 성문하압의 증가와 소리 크기 증가를 위한 치
료가 요구되는 마비말장애의 유형은?

① 이완형 ② 경직형 ③ 혼합형
④ 과대운동형 ⑤ 실조형

72. 다음 설명 중 옳은 것은?

가. 대뇌피질은 사고의 중추이다.
나. 청각의 중추는 도엽이다.
다. 시각의 중추는 Brodmann 17영역이다.
라. Broca영역의 장애는 감각실어증을 유발한다.
마. 연합섬유는 서로 반대측 대뇌반구를 연결하는
신경섬유이다.

① 가, 나 ② 나, 다
③ 다, 라 ④ 라, 마
⑤ 가, 다

▌청각의 중추는 측두엽이다. 연합섬유는 같은 측의 대뇌반
구를 연결하고, 투사섬유는 뇌와 척수를 연결하고, 교련섬
유는 반대측 대뇌반구를 연결한다.

73. 뇌 우반구에 손상이 있을 때 발병 확률이 가장
높은 장애유형은?

① alexia
② agraphia
③ phonological dyslexia
④ apraxia
⑤ aprosodia

74. 문장을 읽고 이해하는 능력과 가장 관계가 먼
뇌영역은?

① parietal lobe
② occipital lobe
③ temporal lobe
④ frontal lobe
⑤ insula lobe

75. 58세의 남자가 뇌손상 후 자기가 한 말(낱말, 문
장 혹은 문장의 일부)을 계속 반복하는증상이 발
생하였다면?

① 반향증(echolaria)
② 보속증(perseveration)
③ 실률증(aprosodia)
④ 착어증(paraphrasia)
⑤ 전보문식 말소리(telegraphic speech)

76. 다음 연결 가운데 잘못된 것은?

① 간뇌-자율기능의 종합중추
② 소뇌-몸의 평형 유지
③ 중뇌-동공반사중추
④ 대뇌-타액분비중추
⑤ 연수-추체교차

77. 지적장애 아동의 언어특성과 가장 가까운 것은?

① 대부분 언어장애와 말장애를 모두 가지고 있다.

② 자신의 생활연령보다는 발달이 지체되지만 인지 능력보다는 높게 나타난다.

③ 임상에서 습득된 내용을 일반화시키는 데는 어려움이 많지 않다.

④ 타인과 의사소통할 때 대체로 능동적으로 대화를 이끌어 간다.

⑤ 말장애는 없는데 언어장애를 가지고 있다.

78. 지적장애 아동의 지적 발달 특징에 관한 설명으로 틀린 것은?

① 뇌손상을 입은 시기가 늦을수록 지적 발달의 지체 정도가 크다.

② 인지발달에 상당한 지체를 보이나 다소 느린 속도로 발달이 이루어진다.

③ 지능발달 시기 혹은 발달정지 시기가 지적 능력에 따라 다르다.

④ 정신지체 아동들은 지적 능력을 측정할 때 특정 도구만으로 단정 지으면 안 된다.

⑤ ①과 ④

79. 자세가 불안정하고 불필요한 움직임을 많이 보이는 뇌성마비(cerebral palsy) 하위 유형은?

① 경직형/경련형

② 불수의운동형/무정위운동형

③ 운동실조형

④ 혼합형

⑤ 답 없음

80. 다음 설명 중 틀린 것은?

가. 기저핵 이상 시 진전마비 현상이 온다.
나. 기억의 중추는 변연계이다.
다. 성욕의 중추는 소뇌이다.
라. 체온조절의 중추는 연수이다.
마. 시신경교차는 시상후부이다.

① 가, 나, 다　　② 나, 다, 라
③ 다, 라, 마　　④ 가, 나, 마
⑤ 가, 다, 라

▌성욕, 체온조절, 시신경교차는 시상하부에서 이루어진다.

연습문제 II

※설명에 알맞은 용어를 왼쪽의 빈칸에 쓰시오.

① _____ : 뇌척수막 중 가장 밀접하게 뇌를 직접 싸는 것

② _____ : 사고의 최고 중추 부위

③ _____ : 단기기억에서 장기기억으로 전환되게 하는 부위

④ _____ : 성욕과 같은 본능적인 욕구의 중추

⑤ _____ : 좌뇌반구와 우뇌반구를 구분하는 것

⑥ _____ : 시각정보가 제일 처음 전달되는 대뇌피질

⑦ _____ : 의식적인 운동을 할 때 운동의 방향, 속도, 힘 등의 협응을 담당
하는 부위

⑧ _____ : 대뇌피질 중심구 앞쪽에 있는 전회

⑨ _____ : 자율신경계의 최고 중추

⑩ _____ : 브로카영역이 위치하는 대뇌엽

⑪ _____ : 대뇌반구를 잇는 주요 교련섬유

⑫ _____ : 기억과 정서감정의 중추

⑬ _____ : 연합피질로 판단 및 예견과 같은 고등정신기능에 기초하여 운동과
행동을 조절하는 곳

⑭ _____ : 신생아에게서는 관찰되고 성인에게서는 외부에 노출되지 않는
대뇌엽

⑮ _____ : 대뇌피질에서 전두엽과 두정엽의 경계

⑯ _____ : 베르니케 영역이 손상되어 나타나는 언어장애

⑰ _____ : 기저핵에서 도파민 경로의 손상으로 인해 느린 운동, 근육의 경직
및 진전을 초래하는 병

⑱ _____ : 불수의적 운동을 보이는 마비말장애의 유형

⑲ _____ : 언어이해 및 표현능력이 점진적으로 퇴행하는 장애

⑳ _____ : 자기가 한 말을 계속 반복하는 현상

해답(Answers)

05 주요 용어 익히기

1. ① 담창구/창백핵 ② 궁상섬유속 ③ 각회 ④ 망상체 ⑤ 건망증/기억상실증 ⑥ 실서증 ⑦ 간뇌 ⑧ 대뇌혈관사고/뇌졸중 ⑨ 해마 ⑩ 뇌하수체 ⑪ 편도체 ⑫ 뇌량 ⑬ (기억의) 보유 ⑭ 편마비/반신불수 ⑮ 교련섬유 ⑯ 미상핵 ⑰ 우성반구 ⑱ 전전두영역 ⑲ 외측구 ⑳ 단속적 구어

2. ① pons ② aphasia ③ basal ganglia ④ medulla oblongata ⑤ cerebellum ⑥ association fibers ⑦ parietal lobe ⑧ thalamus ⑨ apraxia ⑩ agnosia ⑪ occipital lobe ⑫ cerebral cortex

5-1

① fissure of Rolando/central sulcus ② frontal lobe ③ temporal lobe ④ fissure of Sylvius/lateral sulcus ⑤ occipital lobe ⑥ parietal lobe

5-2

① 일차운동피질(primary motor cortex) ② 운동연합영역(motor association area) ③ 일차청각피질(primary auditory cortex) ④ 청각연합영역(auditory association area) ⑤ 일차시각피질(primary visual cortex) ⑥ 시각연합영역(visual association area) ⑦ 체감각연합영역(somatic sensory association area) ⑧ 일차체감각피질(primary somatic sensory cortex)

5-3

① 전운동영역(premotor area) ② 일차운동피질(primary motor cortex) ③ 전전두영역(prefrontal area) ④ 브로카영역(Broca's area) ⑤ 청각연합영역(auditory association area) ⑥ 일차청각피질(primary auditory cortex) ⑦ 미각영역(taste area) ⑧ 시각피질(visual cortex) ⑨ 베르니케영역(Wernicke's area) ⑩ 시각연합영역(visual association area) ⑪ 체성감각연합영역(somatic sensory association area) ⑫ 일차체성감각피질(primary somatic sensory cortex) ⑬ 중심구(central sulcus)

5-4

[좌뇌의 기능]
① 분석적 사고(analytic thought)
② 논리(logic)
③ 언어(language)
④ 과학 및 수학(science and math)

[우뇌]의 기능
① 통합적 사고(holistic thought)
② 직관(intuition)
③ 창의성(creativity)
④ 예술 및 음악(art and music)

5-5

① 대뇌(cerebrum) ② 소뇌(cerebellum) ③ 척수(spinal cord) ④ 연수(medulla oblongata) ⑤ 뇌교(pons) ⑥ 중뇌(midbrain) ⑦ 시상하부(hypothalamus) ⑧ 시상(thalamus)

5-6

① BR 17 ② 후두엽 ③ BR 41 ④ 측두엽 ⑤ BR 5, 7 ⑥ 두정엽 ⑦ BR 44, 45 ⑧ 전두엽
⑨ BR 39 ⑩ 두정엽 ⑪ BR 9, 11 ⑫ 전두엽 ⑬ 측두엽 ⑭ BR 22 ⑮ 측두엽 ⑯ BR 6 ⑰ 전두엽 ⑱ 두정엽 ⑲ BR 18, 19 ⑳ 외측구

5-7

① 뇌량(corpus callosum) ② 시상(thalamus) ③ 시상하부(hypothalamus) ④ 뇌하수체(pituitary gland) ⑤ 편도체(amygdala) ⑥ 해마(hippocampus)

5-8

① 피각(putamen) ② 담창구(globus pallidus) ③ 시상(thalamus) ④ 대상회(cingulate gyrus) ⑤ 미상핵(caudate nucleus) ⑥ 대뇌피질(cerebral cortex)

5-9

① 대상섬유속(cingulate fasciculus) ② 궁상섬유속(arcuate fasciculus) ③ 하종섬유속(inferior longitudinal fasciculus) ④ 상종섬유속(superior longitudinal fasciculus)

5-10

① 뇌량(corpus callosum) ② 시상하부(hypothalamus) ③ 뇌하수체(hypophysis) ④ 소뇌(cerebellum) ⑤ 송과선(pineal gland) ⑥ 시상(thalamus)

5-11

뇌간은 척수의 정보를 대뇌로 올려 보내기도 하고 대뇌의 정보를 척수로 내려보내기도 한다. 12쌍의 뇌신경이 모두 뇌간에서 기시한다.
중뇌는 간뇌와 뇌교 사이에 위치하여 시각 및 청각의 반사중추이며 안구운동과 동공수축의 운동중추이다. 뇌교는 중뇌와 연수를 연결하며 대뇌와 소뇌 간에 중계소 역할을 한다. 연수는 심혈관, 호흡조절, 구토 및 삼킴의 중추로서 생존유지와 여러 반사중추를 포함한다.

5-12

망상체는 상행 감각정보가 들어오는 통로로 뇌간과 정보의 중계소인 시상(thalamus)을 연결한다. 주로 각성을 통제하고 집중력, 흥분, 의식 등과 관련된 정보를 대뇌피질로 보낸다. 하행 운동정보가 나가는 통로는 뇌교와 연수를 거쳐 척수로 보내진다.

5-13

① 뇌는 시각피질(visual cortex)로부터 받은 시각정보를 두정–측두–후두 연합피질(parietal–temporal–occipital association cortex)의 각회(angular gyrus)로 보내진다. 각회는 시각, 소리, 촉각 같은 감각의 입력을 통합하는 데 관여한다. ② 위 연합피질에서 들어온 정보는 발화하고자 하는 낱말과 낱말의 연쇄를 선택하는 베르니케영역으로 보내진다. ③ 그다음 이러한 언어명령은 베르니케영역에서 궁상섬유속(arcuate fasciculus)을 통해 브로카영역으로 보내진다. ④ 브로카영역에서는 원하는 낱말을 발화하는 데 적절한 안면근(facial m.)과 설근(tongue m.)을 활성화하는 일차운동피질(primary motor cortex)의 특정한 영역으로 정보가 전달된다.

연습문제 해답 I

1. ②	2. ④	3. ②	4. ④	5. ②	6. ①	7. ⑤	8. ③	9. ④	10. ③
11. ①	12. ⑤	13. ②	14. ⑤	15. ④	16. ③	17. ④	18. ③	19. ②	20. ②
21. ④	22. ①	23. ②	24. ②	25. ①	26. ⑤	27. ⑤	28. ③	29. ④	30. ④
31. ①	32. ③	33. ④	34. ①	35. ②	36. ②	37. ⑤	38. ①	39. ③	40. ②
41. ④	42. ②	43. ②	44. ②	45. ②	46. ⑤	47. ③	48. ①	49. ③	50. ②
51. ②	52. ④	53. ①	54. ②	55. ③	56. ①	57. ③	58. ②	59. ④	60. ③
61. ①	62. ②	63. ②	64. ②	65. ③	66. ⑤	67. ①	68. ④	69. ③	70. ③
71. ①	72. ⑤	73. ⑤	74. ④	75. ②	76. ④	77. ①	78. ①	79. ②	80. ③

연습문제 해답 II

① 연막(pia meter) ② 대뇌피질(cerebral cortex) ③ 해마(hippocampus) ④ 시상하부(hypothalamus) ⑤ 대뇌종렬(cerebral longitudinal fissure) ⑥ 후두엽(occipital lobe) ⑦ 소뇌(cerebellum) ⑧ 운동영역(motor cortex) ⑨ 시상하부(hypothalamus) ⑩ 전두엽(frontal lobe) ⑪ 뇌량(corpus callosum) ⑫ 변연계(limbic system) ⑬ 전전두영역(prefrontal area) ⑭ 도엽/섬엽(insula/insular lobe) ⑮ 중심구(central sulcus) ⑯ 감각실어증(sensory aphasia) ⑰ 파킨슨병(Parkinson's disease) ⑱ 실조형(ataxic type) ⑲ 치매(dementia) ⑳ 보속증(perseveration)

제6장

삼킴의 해부와 생리

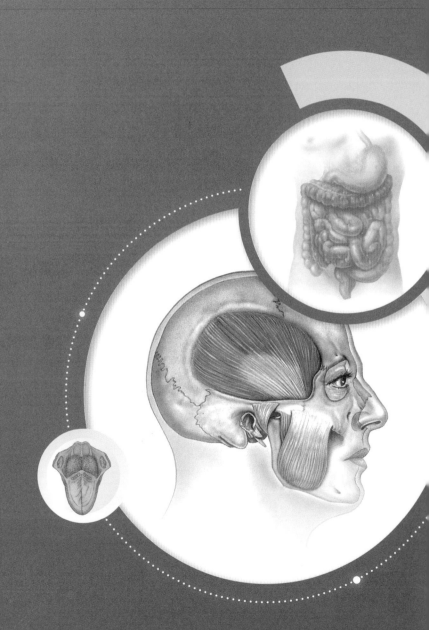

06 주요 용어 익히기

1. 다음 용어를 국문으로 바꾸시오.

① laryngopharynx ＿＿＿＿＿＿＿＿＿＿

② gastrointestinal tract ＿＿＿＿＿＿＿＿

③ viscosity ＿＿＿＿＿＿＿＿＿＿＿＿＿

④ gustatory organ ＿＿＿＿＿＿＿＿＿＿

⑤ peristalsis ＿＿＿＿＿＿＿＿＿＿＿＿

⑥ orofacial structure ＿＿＿＿＿＿＿＿

⑦ cardia ＿＿＿＿＿＿＿＿＿＿＿＿＿＿

⑧ olfactory epithelium ＿＿＿＿＿＿＿＿

⑨ vallecula ＿＿＿＿＿＿＿＿＿＿＿＿＿

⑩ masticatory movement ＿＿＿＿＿＿

⑪ pyriform sinus ＿＿＿＿＿＿＿＿＿＿

⑫ medial pterygoid m. ＿＿＿＿＿＿＿

⑬ residue ＿＿＿＿＿＿＿＿＿＿＿＿＿

⑭ filiform papillae ＿＿＿＿＿＿＿＿＿

⑮ masseter m. ＿＿＿＿＿＿＿＿＿＿＿

⑯ jejunum ＿＿＿＿＿＿＿＿＿＿＿＿＿

⑰ deglutition ＿＿＿＿＿＿＿＿＿＿＿

⑱ malocculution ＿＿＿＿＿＿＿＿＿＿

⑲ parotid duct ＿＿＿＿＿＿＿＿＿＿＿

⑳ fundus ＿＿＿＿＿＿＿＿＿＿＿＿＿

2. 다음 용어를 영문으로 바꾸시오.

① 식도 ＿＿＿＿＿＿＿＿＿＿＿＿＿＿

② 위 ＿＿＿＿＿＿＿＿＿＿＿＿＿＿＿＿

③ 인두 ＿＿＿＿＿＿＿＿＿＿＿＿＿＿

④ 삼킴중추 ＿＿＿＿＿＿＿＿＿＿＿＿

⑤ 직장 ＿＿＿＿＿＿＿＿＿＿＿＿＿＿

⑥ 타액선 ＿＿＿＿＿＿＿＿＿＿＿＿＿

⑦ 소장 ＿＿＿＿＿＿＿＿＿＿＿＿＿＿

⑧ 음식덩이 ＿＿＿＿＿＿＿＿＿＿＿＿

⑨ 후두개 ＿＿＿＿＿＿＿＿＿＿＿＿＿

⑩ 십이지장 ＿＿＿＿＿＿＿＿＿＿＿＿

⑪ 이하선 ＿＿＿＿＿＿＿＿＿＿＿＿＿

⑫ 저작근 ＿＿＿＿＿＿＿＿＿＿＿＿＿

[6-1]은 호흡(respiration)과 소화(digestion)의 입구인 기도와 식도를 보여 주고 있다. 번호에 알맞은 명칭을 쓰시오.

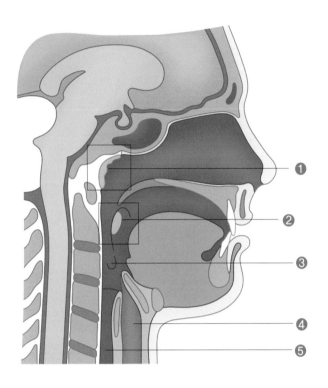

❶ _____   ❷ _____

❸ _____   ❹ _____

❺ _____

어원으로 익히는 전문용어

어근 my-는 '근육'을, 결합형 모음 -o- + 접미사 -oma는 '종양'을 의미한다. 따라서 myoma는 '근종'을 의미한다.

유사한 예) hematoma(어근 hemat '혈액' + 접미사 -oma '종양') = 혈종

[6-2]는 삼킴에 관련된 구조를 보여 주고 있다. 번호에 알맞은 명칭을 쓰시오.

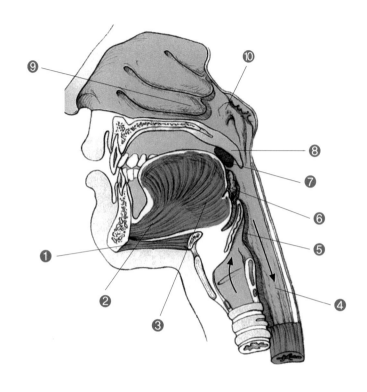

❶ _____   ❷ _____

❸ _____   ❹ _____

❺ _____   ❻ _____

❼ _____   ❽ _____

❾ _____   ❿ _____

어원으로 익히는 전문용어

접두사 my(o)-는 '근육(muscle)'을, 어근 -cardi는 '심장(heart)'을, 접미사 -itis는 '염증(inflammation)'을 의미한다. 따라서 myocarditis는 '심근염(inflammation of the heart muscle)'을 의미한다. 여기서 -o-는 결합형 모음이다.

유사한 예) myokinesis(어근 my- + 결합형 모음(o) + 어근 -kinesis '운동' = 근운동

[6–3]은 영구치(permanent teeth) 구조를 보여 주고 있다. 번호에 알맞은 명칭을 쓰시오.

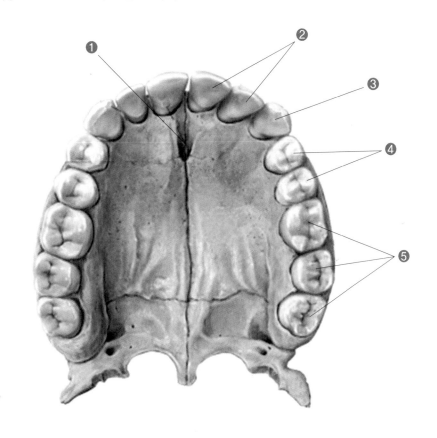

❶ _____   ❷ _____

❸ _____   ❹ _____

❺ _____

어원으로 익히는 전문용어

접두사 hyper–는 '과잉(excessive)' 또는 '이상(above)'를 의미한다. 접미사 –pnea는 '호흡(respiration)'을 의미한다. 따라서 hyperpnea는 '과호흡'을 의미한다.

유사한 예) hyperactivity(접두사 hyper– + 어근 activity) = 과잉행동

[6-4]는 저작근(masticatory muscles)의 구조를 보여 주고 있다. 번호에 알맞은 명칭을 쓰시오.

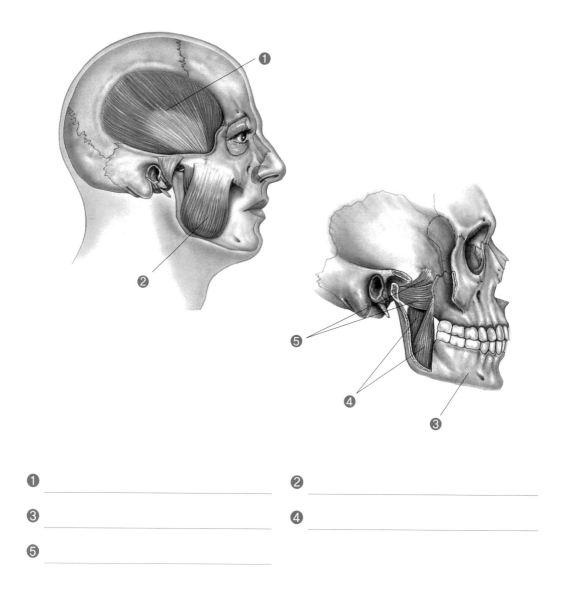

❶ _____ ❷ _____

❸ _____ ❹ _____

❺ _____

어원으로 익히는 전문용어

어근 somat(o)-는 '몸' 또는 '신체'를, 어근 –sensory cortex '감각피질'을 의미한다. 따라서 somatosensory cortex는 '체감각피질'을 의미한다.

유사한 예) somatology(어근 somat- + –ology 'study of') = 신체학

[6-5]는 측면에서 본 비강(nasal cavity)의 구조를 보여 주고 있다. 번호에 알맞은 명칭을 쓰시오.

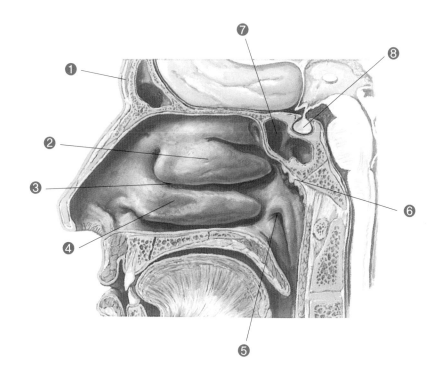

❶ _____   ❷ _____

❸ _____   ❹ _____

❺ _____   ❻ _____

❼ _____   ❽ _____

어원으로 익히는 전문용어

접두사 over-는 '~이상'을, 어근 -learning '학습'을 의미한다. 따라서 overlearning은 '과잉학습'을 의미한다.
유사한 예) overstimulation(접두사 over- + 어근 stimulation '자극') = 과도자극/과자극

어근 valv- 또는 valvul-는 '판막'을, 결합형 모음(o), 어근 -tomy는 '절제'를 의미한다. 따라서 valvotomy는 '판막절개(술)'을 의미한다.
유사한 예) valvuloplasty(어근 valvul + 결합형 모음(o) + 어근 -plasty '성형술') = 판막성형술

[6-6]은 혀(tongue)의 구조를 보여 주고 있다. 번호에 알맞은 명칭을 쓰시오.

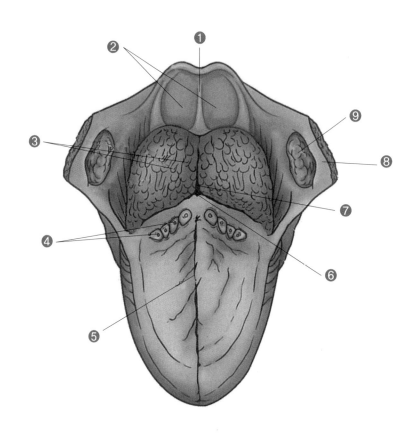

① _____ **②** _____

③ _____ **④** _____

⑤ _____ **⑥** _____

⑦ _____ **⑧** _____

⑨ _____

어원으로 익히는 전문용어

어근 pleur-는 '흉막'을, 결합형 모음(o), 어근 -dynia는 '통증'을 의미한다. 따라서 pleurodynia는 '흉막통증'을 의미
한다.

유사한 예) pleuritis(어근 pleur- '흉막' + 어미 -itis '염증') = 흉막염

[6–7]은 타액선 또는 침샘(salivary gland)의 위치를 보여 주고 있다. 번호에 알맞은 명칭을 쓰시오.

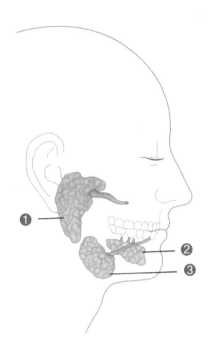

❶ _____ ❷ _____

❸ _____

어원으로 익히는 전문용어

어근 ventricul–은 '심실'을, 결합형 모음(o), 어근 –tomy는 '절제술'을 의미한다.
따라서 ventriculotomy는 '판막절제술'을 의미한다.
유사한 예) ventriculitis(어근 ventricul + 접미사 –itis '염증') = 뇌실염

어근 crani–는 '두개골'를, 결합형 모음(o), 어미 –tomy는 '절제술'을 의미한다. 따라서 craniotomy는 '두개골절제술'을
의미한다.
유사한 예) cranioplasty(어근 crani + 결합형 모음(o) + plasty '성형술') = 두개골성형술

접두사 sub–는 '아래'를, 어근 cost–는 '늑골'을, 접미사 –al은 '~의'를, nerve는 '신경'을 의미한다. 따라서 subcostal
nerve는 '늑하신경'을 의미한다.
유사한 예) costal cartilage(어간 cost– + 접미사 –al, cartilage '연골') = 늑연골

[6–8]은 측면에서 본 인두(pharynx)의 구조를 보여 주고 있다. 번호에 알맞은 명칭을 쓰시오.

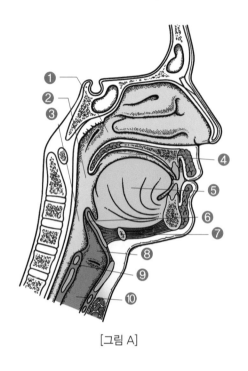

[그림 A]

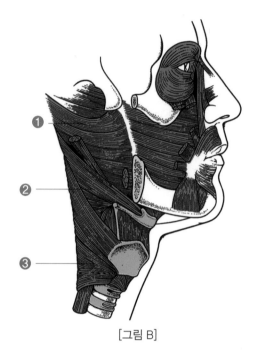

[그림 B]

❶ _____   ❶ _____

❷ _____   ❷ _____

❸ _____   ❸ _____

❹ _____

❺ _____

❻ _____

❼ _____

❽ _____

❾ _____

❿ _____

[6-9]는 뒤에서 본 인두(pharynx)의 구조를 보여 주고 있다. 번호에 알맞은 명칭을 쓰시오.

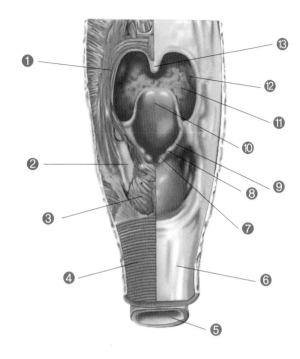

① _____   ② _____

③ _____   ④ _____

⑤ _____   ⑥ _____

⑦ _____   ⑧ _____

⑨ _____   ⑩ _____

⑪ _____   ⑫ _____

⑬ _____

어원으로 익히는 전문용어

어근 carcin(o)-은 '암(cancer)'을, 접미사 -oma는 '종양(tumor)'을 의미한다. 따라서 carcinoma는 '암종'을 의미한다.
유사한 예) carcinogen(어근 carcin- + 결합형 모음(o) + gen '유전자') = 발암물질

[6-10]은 소화기 계통을 보여 주고 있다. 번호에 알맞은 명칭을 쓰시오.

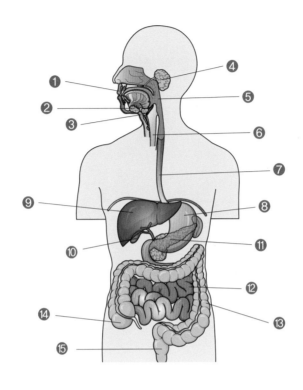

❶ _____   ❷ _____

❸ _____   ❹ _____

❺ _____   ❻ _____

❼ _____   ❽ _____

❾ _____   ❿ _____

⓫ _____   ⓬ _____

⓭ _____   ⓮ _____

⓯ _____

[6-11]은 침습(penetration)과 흡인(aspiration)과 관련된 후두의 단면도이다. 번호에 알맞은 명칭을 쓰고, 침습과 흡인을 정의하시오.

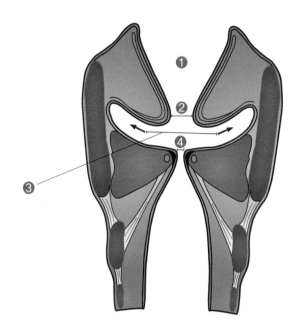

❶ ＿＿＿＿＿＿＿＿＿＿＿＿＿＿ **❷** ＿＿＿＿＿＿＿＿＿＿＿＿＿＿

❸ ＿＿＿＿＿＿＿＿＿＿＿＿＿＿ **❹** ＿＿＿＿＿＿＿＿＿＿＿＿＿＿

❺ 침습: ＿＿＿＿＿＿＿＿＿＿＿＿＿＿＿＿＿＿＿＿＿＿＿＿＿＿

＿＿＿＿＿＿＿＿＿＿＿＿＿＿＿＿＿＿＿＿＿＿＿＿＿＿

❻ 흡인: ＿＿＿＿＿＿＿＿＿＿＿＿＿＿＿＿＿＿＿＿＿＿＿＿＿＿

＿＿＿＿＿＿＿＿＿＿＿＿＿＿＿＿＿＿＿＿＿＿＿＿＿＿

어원으로 익히는 전문용어

접두사 pro-는 '유익'을, 어근 lact-는 '우유'를, 접미사 -in은 '물질'을 의미한다. 따라서 prolactin은 '젖' 또는 '유즙'을 의미한다.

유사한 예) lactic acid(어근 lact- + 접미사 -ic + acid '산') = 유산, 젖산

[6–12]는 식도(esophagus)의 구조를 보여 주고 있다. 번호에 알맞은 명칭을 쓰시오.

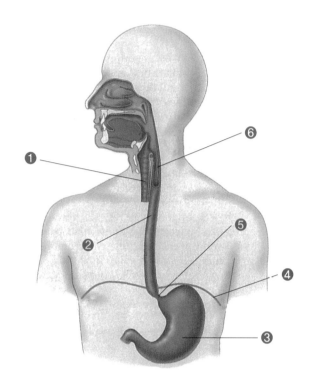

❶ _____   ❷ _____

❸ _____   ❹ _____

❺ _____   ❻ _____

소화 또는 삼킴관련 질병 명칭

연하장애/삼킴장애 dysphagia/swallowing disprders   구강안면통증 orofacial pain

측두하악장애 temporomandibular joint disorder   부정교합 malocclusion

후각장애 dysosmia   무후각증 anosmia   미각장애 dysgeusia

미각감퇴증 hypogeusia   무미각증 ageusia   구강건조증 xerostomia

타액선염/침샘염 sialoadentis   인두염 pharyngitis   식도염 esophaiti

후인두역류 laryngopharyngeal reflux, LPR   흡인성 폐렴 aspiration pneumonia

인후두염 larygopharyngitis

[6-13]은 위(stomach)의 구조를 보여 주고 있다. 번호에 알맞은 명칭을 쓰시오.

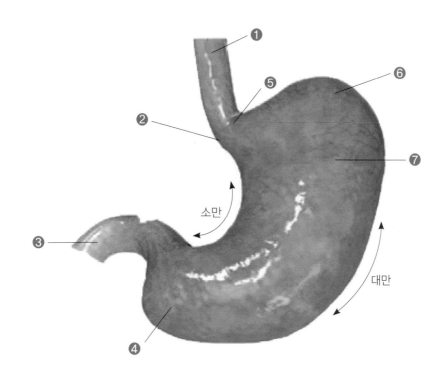

① _____   ② _____

③ _____   ④ _____

⑤ _____   ⑥ _____

⑦ _____

소화 또는 삼킴관련 질병 명칭(계속)

선천성 식도협착증 congenital esophageal stenosis   과민성대장증후군 irritable bowel syndrome

위식도역류질환 gastroesophafeal reflux disease, GERD   유문협착증 pyloric stenosis

위산과다증 hyperacidity   위장염 gastroenteritis   십이장궤양 duodenal ulcer

십이지장염 duodentis   대장염 colitis   충수염/맹장염 appendicitis

소화불량 dyspepsia   췌장염 pancreatitis   담낭염 cholecystitis

간경화 liver cirrhosis   간염 hepatitis   역류성 식도염 reflux esophagitis

[6~14]는 소장(small intestine)을 보여 주고 있다. 번호에 알맞은 명칭을 쓰시오.

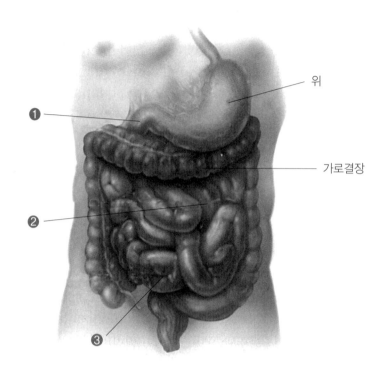

❶ _____   ❷ _____

❸ _____

어원으로 익히는 전문용어

어근 labio—는 '입술에 관련된'을, 어근 dent '치아'를 의미한다. 따라서 labiodental sound는 '순치음'을 의미한다.
유사한 예) labialization(어근 labial— + ization '되기') = 순음화

어근 onc—는 '종양(tumor)'를, 접미사 –ology 'study of'를 의미한다. 따라서 oncology는 '종양학'을 의미한다.
유사한 예) oncogene(어근 onc + gene '유전자') = 종양유전자

[6-15]는 십이지장(duodenum)과 관련된 소화기관의 해부학적 구조를 보여 주고 있다. 번호에 알맞은 명칭을 쓰시오.

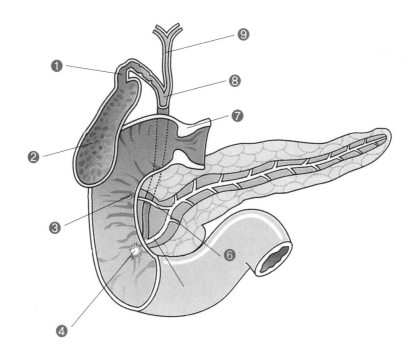

❶ _____   ❷ _____

❸ _____   ❹ _____

❺ _____   ❻ _____

❼ _____   ❽ _____

❾ _____

어원으로 익히는 전문용어

어근 dors-는 '등(back)'을, 접미사 −al은 '∼의(pertaining to)'를, 어근 thalamus는 '시상'을 의미한다. 따라서 dorsal thalamus는 '등쪽 시상'을 의미한다.

유사한 예) dorsal root(어근 dors− + 접미사 −al, root '뿌리') = 배근 ⇔ ventral root '복근'

[6-16]은 대장(large intestine)의 구조를 보여 주고 있다. 번호에 알맞은 명칭을 쓰시오.

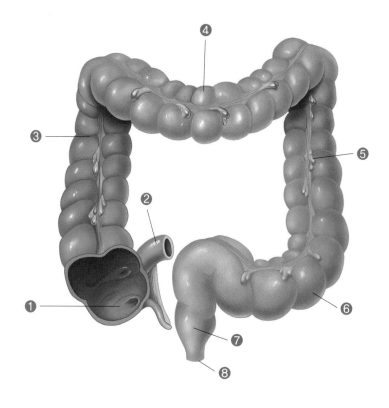

① _____ **②** _____

③ _____ **④** _____

⑤ _____ **⑥** _____

⑦ _____ **⑧** _____

어원으로 익히는 전문용어

어근 mucos–는 '점막'을, 접미사 –its는 '염증'을 의미한다. 따라서 mucositis는 '점막염'을 의미한다.

유사한 예) mucosity(어근 mucos– + 접미사 –ity) = 점도

어근 pharmc–는 '약물'을, 어근 –kinetics는 '운동'을 의미한다. 따라서 pharmaokinetics는 '약물동력학'을 의미한다.

유사한 예) pharmacology(어근 pharmac– + –ology 'study of') = 약리학

[6-17]은 구강기(oral phase), 인두기(pharyngeal phase), 식도기(esophageal phase)를 그림으로 보여 주고 있다. 각 단계의 삼킴의 과정을 기술하시오.

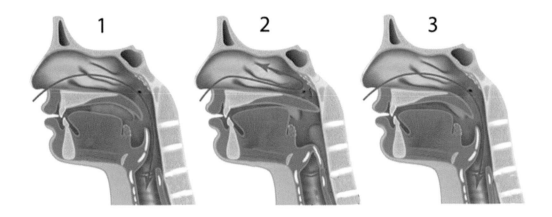

❶ _____

_____

_____

❷ _____

_____

_____

❸ _____

_____

_____

어원으로 익히는 전문용어

접두사 meta—는 '상위의'를, 어근 memory는 '기억'을 의미한다. 따라서 meta memory는 '상위기억'을 의미한다.

유사한 예) meta cognition(meta '상위의' + cognition '인지') = 상위인지

연습문제 I

1. 다음 중 소화기계에 속하지 않는 장기는?

① 위(stomach)

② 간(liver)

③ 췌장(pancreas)

④ 맹장(cecum)

⑤ 비장(spleen)

■ 비장은 복강의 좌측 상부에 있는 약 170g 정도의 림프계, 즉 조혈장기이다.

2. 타액분비의 반사중추가 위치하는 뇌의 부위는?

① 뇌교   ② 연수   ③ 중뇌

④ 시상하부   ⑤ 시상

3. 미각의 수용기는?

① 미뢰   ② 마이스너소체   ③ 미근

④ 설맹공   ⑤ 미체

■ (   )는 혀의 성곽유두 측벽에 있는 미각을 감지하는 기관으로 미각세포와 지주세포로 구성되어 있다.

4. 신맛을 나타내는 이온은?

① H^+ ② K^+ ③ Mg^{2+}

④ Cl^- ⑤ NH^{4+}

■ 신맛: H^+ 짠맛: Cl^-, Br^-.

5. 식도에는 협착부가 몇 개인가?

① 1개   ② 2개   ③ 3개

④ 4개   ⑤ 5개

■ 식도의 제1협착부는 절치에서 약 13cm 부위인 윤상연골 뒤쪽, 제2협착부는 절치에서 약 22cm 되는 기관 분기부 뒤쪽, 그리고 제3협착부는 절치에서 약 38cm 떨어진 횡격막 통과 부위이다.

6. 저작근을 지배하는 신경은?

① 동안신경(CN III)

② 활차신경(CN IV)

③ 삼차신경(CN V)

④ 설하신경(CN VII)

⑤ 미주신경(CN X)

■ (   )은 누선과 안검 등을 관장하는 안분지(V1), 뺨 구개, 상순을 관장하는 상악분지(V2) 그리고 저작근의 운동신경, 외이, 하순, 턱 등을 관장하는 하악분지(V3)로 이루어져 있다.

7. 구협(fauces)에 있는 목젖이라고 하는 것은?

① 후두개(epiglottis)   ② 구개수(uvula)

③ 경구개(hard palate)   ④ 이하선(parotid gland)

⑤ 설편도(lingual tonsil)

■ 구개수는 연구개 중앙에 있는 원추형 돌기로서 일명 목젖이라고 하는데, 이는 음식물을 삼킬 때 음식물이 비강 쪽으로 유입되는 것을 막아 준다.

8. 복부 소화기관의 소화작용을 조절하는 뇌신경은?

① 동안신경   ② 활차신경   ③ 3차신경

④ 미주신경   ⑤ 부신경

9. 맛의 기본 삼각이 아닌 것은?

① 쓴맛   ② 단맛   ③ 매운맛

④ 신맛   ⑤ 짠맛

■ 매운맛은 일종의 통각이다.

10. 삼킴의 단계에 대한 설명으로 옳은 것은?

① 구강준비단계에서는 침분비가 적을수록 음식덩이(bolus)가 잘 만들어진다.

② 구강단계에서는 입이 열려 있어야 상부식도괄약근(UES)이 잘 열린다.

③ 구강단계는 음식덩이를 구강의 중심까지 운반하는 단계이다.

④ 인두단계에서는 후두개 폐쇄를 수의적으로 조절할 수 있다.

⑤ 식도단계에서는 하부식도괄약근(LES)까지 음식물을 운반할 수 있다.

11. 식도와 연결된 위의 부위는?

① 유문(pylorus)

② 분문(cardia)

③ 대만(great curvature)

④ 각절흔(angular notch)

⑤ 유문동(pyloric antrum)

■ 위는 분문 · 위저 · 위체 · 유문 등 4부위로 구분하는데, 식도와는 분문, 십이지장과는 유문으로 연결되어 있다.

12. 십이지장과 연결된 위의 부위는?

① 위저   ② 분문

③ 위체   ④ 유문

⑤ 유문동

13. 음식물이 기도로 유입되는 것을 방지하는 구조물은?

① 후두인두　　② 경구개　　③ 연구개
④ 구개수　　　⑤ 후두개

14. 성인의 소화관(입 → 항문)의 평균 길이로 옳은 것은?

① 약 3m　　② 약 5m　　③ 약 7m
④ 약 9m　　⑤ 약 11m

∎ 소화관 길이의 측정은 사체에서만 가능하고 인류에 따라 다르나, 약 9m이다. 즉, 절치~위(stomach)는 약 40cm, 소장은 7m, 대장은 약 1.5m 정도이다.

15. 음식물을 삼킬 때 기도로 들어가는 것을 막아주는 것은 어느 것인가?

① uvula　　　　　② auditory tube
③ epiglottis　　　④ hard palate
⑤ tongue

∎ (　　　) 은/는 1개의 탄력성 연골로 음식물을 삼킬 때 비인두쪽, 즉 후두인두를 폐쇄시켜 음식물이 기도로 유입되는 것을 방지해 준다.

16. 성인(영구치)과 유아(유치)의 치아 수를 올바르게 짝지은 것은?

① 성인 32개, 유아 20개
② 성인 30개, 유아 20개
③ 성인 32개, 유아 18개
④ 성인 30개, 유아 18개
⑤ 성인 30개, 유아 22개

∎ 유아는 20개이고, 성인은 32개이다.

17. 성인이 하루에 분비하는 타액량은?

① 약 0.5L　　② 약 1L　　③ 약 2L
④ 약 3L　　　⑤ 약 3.5L

∎ 타액은 pH 6.3~6.8의 무색 액체로서 성인은 1일 약 1~1.5L를 분비한다.

18. 이하선의 분비를 촉진하는 신경은?

① 동안신경　　　　② 미주신경
③ 설인신경　　　　④ 설하신경
⑤ 삼차신경

∎ 이하선은 설인신경의 지배를 받고, 누선, 악하선, 설하선은 설하안면신경의 지배를 받는다.

19. 혀(tongue)에서 단맛을 감지하는 곳은?

① 설첨부　　② 설근부　　③ 맹공부
④ 설측부　　⑤ 중앙부

20. 음식물의 섭취량은 섭식중추와 포만중추에 의하여 조절되는데 이 두 중추는 어느 부위에 속하는가?

① 시상하부　　　　② 중뇌
③ 시상　　　　　　④ 연수
⑤ 대뇌피질

∎ 섭식중추(feeding center)와 포만중추(satiety center)는 각각 (　　　) 의 복외측핵과 복내측핵에 위치하고 있다.

21. 소화의 근본기전은?

① 동화작용　　　　② 환원작용
③ 가수분해　　　　④ 산화작용
⑤ 합성작용

22. 혀의 미각을 담당하고 있는 신경은?

① 안면신경　　　　② 설하신경
③ 3차신경　　　　④ 활차신경
⑤ 미주신경

∎ 혀의 후방 1/3은 설인신경에 의해서, 그리고 혀의 전방 2/3는 (　　　) 의 고삭신경(chorda tympanic n.)에 의해서 미각을 담당한다.

23. 다음 기관 중 골격근과 평활근으로 구성된 것은?

① pharynx　　　　② larynx
③ esophagus　　　④ stomach
⑤ duodenum

∎ (　　　)의 상부는 골격근, 하부는 평활근으로 구성되어 있다.

24. 인체에서 위(stomach)의 위치는?

① 우하복부　　　　② 서혜부
③ 좌하복부　　　　④ 우상복부
⑤ 좌상복부

∎ 위(stomach)는 좌상복부, 간(liver)은 우상복부에 위치한다.

25. 위(stomach)의 용량은 얼마인가?

① 0.5L　　　　　　② 1.5L
③ 2L　　　　　　　④ 2.5L
⑤ 3L

26. 순수한 골격근(skeletal muscle)으로 구성되어 있는 소화기관은?

① 혀　　　　　　　② 식도
③ 위　　　　　　　④ 소장
⑤ 대장

27. 다음 소화관 중 가장 짧은 것은?

① 회장　　　　　② 상행결장
③ 십이지장　　　④ S상결장
⑤ 공장

▌크기로 볼 때, 맹장 < 충수 < 직장 < 상행결장 < 식도, 십이지장, 하행결장 < S상결장 < 횡행결장 < 공장 2.5m < 회장 3.5m.

28. 구강부터 소화관의 순서를 올바르게 연결한 것은?

① 식도→위→십이지장→회장→공장→맹장→결장→직장
② 식도→위→십이지장→회장→맹장→공장→결장→직장
③ 식도→위→십이지장→회장→공장→결장→맹장→직장
④ 식도→위→십이지장→공장→회장→맹장→결장→직장
⑤ 식도→위→십이지장→맹장→공장→회장→결장→직장

29. 연동운동이 일어나지 않는 소화관 부위는?

① esophagus　　　② stomach
③ duodenum　　　④ rectum
⑤ ileum

▌연동운동은 식도, 위, 소장과 대장에서 음식물을 항문 쪽으로 1회 4~5cm씩 이동시키는 것을 가리킨다.

30. 담즙(bile)을 생산하는 기관은?

① 췌장　　　② 비장　　　③ 간
④ 담낭　　　⑤ 신장

▌담즙은 (　　) 에서 합성하여 담낭(gallbladder)에 저장, 농축하고 십이지장으로 분비한다.

31. 삼킴장애를 묘사하는 용어인 '흡인(aspi-ration)' 에대한 설명으로 옳지 않은 것은?

① 음식물이 기도로 들어가 성대 밑까지 침범하는 것을 말한다.
② 환자가 흡인 시에 자각증세를 보이지 않는 상태를 무의식적 흡인이라고 한다.
③ 음식물이 성대까지만 들어가는 경우에도 흡인이라고 한다.
④ 흡인의 자각증세로는 기침, 목청 다듬기(throat clearing), 젖은 목소리(gurgly voice) 등을 들 수 있다.
⑤ 폐에서의 흡인은 폐렴의 원인이 될 수 있다.

32. 공복감과 관계가 깊은 것은?

① glucose　　② fat　　　③ glycerol
④ amino acid　⑤ vitamin

▌음식물 섭취량 조절은 시상하부의 섭취중추(복외측핵)와 포만중추(복내측핵)에 의하는데 이 두 중추는 혈당 농도 차이로 흥분되고 억제된다.

33. 대표적인 저작근(mastication muscle)에 속하지 않는 것은?

① 협근　　　② 교근　　　③ 측두근
④ 안쪽날개근　⑤ 가쪽날개근

▌masseter m., temporal m., medial pterygoid m. and lateral pterygoid m.

34. 다음 용어 중 인슐린과 글루카곤의 관계를 잘 설명한 것은?

① 상승작용　　　　② 각자 독립된 작용
③ 길항작용　　　　④ 협동작용
⑤ 하강작용

▌인슐린(insulin)의 분비 촉진은 식후 혈당의 증가에 기여하는 반면에 글루카곤(glucagon)의 분비 촉진은 공복의 혈당이 하강할 때 일어난다.

35. 담즙과 췌장액이 음식물과 섞이는 곳은?

① duodenum　　② jejunum
③ ileum　　　　④ stomach
⑤ cecum

▌십이지장의 대십이지장유두로 총담관과 대췌관이 열려져 담즙과 췌장액이 음식물과 섞인다.

36. 사랑니 또는 지치(wisdom teeth)란 어떤 것을 말하는가?

① 소구치　　　　② 제1대구치
③ 제2대구치　　④ 제3대구치
⑤ 송곳니

▌지치란 일명 사랑니로서 보통 26세를 전후해서 나오나 일생 동안 안 나오는 사람도 있다.

37. 췌장액과 담즙의 분비를 가장 강하게 촉진하는 물질은?

① 가스트린(gastrin)　② 아드레날린(adrenalin)
③ 인슐린(insulin)　　④ 세크레틴(secretin)
⑤ 옥시토신(oxytocin)

38. 소화효소의 분비기관이 아닌 것은?

① 신장　　　② 타액선　　　③ 위선
④ 췌장　　　⑤ 담낭

39. 인체의 위장벽 순서로 옳은 것은?

① 점막층–점막하층–근층–장막
② 점막층–점막하층–장막–근층
③ 점막층–근층–점막하층–장막
④ 점막하층–점막층–근층–장막
⑤ 점막하층–근층–점막층–장막

40. 타액선을 크기순으로 나열한 것은?

① 설하선＞악하선＞이하선
② 악하선＞설하선＞이하선
③ 이하선＞설하선＞악하선
④ 이하선＞악하선＞설하선
⑤ 악하선＞이하선＞설하선

▌이하선(parotid g.): 15~30g
악하선(submandibular g.): 7~10g
설하선(sublingual g.): 2g

41. 간의 위치는?

① 좌상복부   ② 우상복부
③ 좌하복부   ④ 우하복부
⑤ 우상흉부

▌liver의 위치는 우상복부이기 때문에, 우측 신장은 간장에 눌려 좌측 신장보다 낮은 위치에 있게 된다.

42. 위액 분비를 촉진하는 것으로 알려진 호르몬은?

① secretin   ② insulin   ③ estrogen
④ gastrin   ⑤ prolactin

43. 다음 중 pH가 가장 낮은 것은?

① 타액   ② 위액   ③ 췌장액
④ 담즙   ⑤ 소장액

▌pH가 높은 순으로 볼 때, 위액(1.5~2.0)＜타액(6~7)＜장액(8.3), 담즙(8.3)＜췌장액(8.5)

44. 지방질이 흡수되는 곳은?

① 대장   ② 소장   ③ 분문
④ 문맥   ⑤ 유문

45. 타액분비중추는 어디에 있는가?

① diencepalon   ② midbrain
③ pons   ④ cerebellum
⑤ medulla oblongata

▌타액분비중추는 연수에 있으며, 부교감신경은 분비를 촉진한다.

46. 하루의 평균 위액 분비량은?

① 약 0.5L   ② 약 1.0L   ③ 약 1.5L
④ 약 2.0L   ⑤ 약 2.5L

47. 한 번 식사 후 위액의 분비량은?

① 약 0.2L   ② 약 0.5L   ③ 약 1.0L
④ 약 1.5L   ⑤ 약 2.0L

▌(   ) 의 상부는 골격근, 하부는 평활근으로 구성되어 있다.

48. 인체에서 가장 큰 기관은?

① lungs   ② liver   ③ stomach
④ heart   ⑤ spleen

▌간 1.5kg, 폐(한쪽) 700g, 심장 300g, 신장(한쪽) 100g,비장 170g

49. 삼킴단계에 포함되지 않는 것은?

① 인두단계   ② 구강단계
③ 위장단계   ④ 구강준비단계
⑤ 식도단계

50. 대장에서 흡수되지 못하는 것은?

① 지질   ② 수분   ③ 염류
④ 포도당   ⑤ 전해질

51. 유치(milk teeth)가 영구치(permanent teeth)로 완전히 바뀌는 시기는?

① 3세   ② 5~6세   ③ 8~12세
④ 13~16세 ⑤ 17~19세

52. 담즙과 췌액이 음식물과 섞이는 곳은?

① 십이지장   ② 공장   ③ 회장
④ 위 ⑤ 대장

▌(   ) 하행부에 총담관과 대췌관이 열려 담즙과 췌액이 음식물과 섞인다.

53. 탄수화물, 지방, 단백질을 전부 분해할 수 있는 소화효소를 분비하는 곳은?

① liver   ② stomach   ③ pancreas
④ gallbladder   ⑤ small intestine

▌췌장액의 분해효소: 탄수화물의 분해효소 amylase, 단백질의 분해효소 trypsin, chymotrypsin, 지방의 분해효소 lipase

54. 음식물을 섭취한 후 공복수축이 오는 시간은?

① 식사 후 약 1시간
② 식사 후 약 2시간
③ 식사 후 약 3~4시간
④ 식사 후 5~6시간
⑤ 식사 후 7시간

55. 괄약근(sphincter m.)이 없는 부위는?

① 위의 분문부   ② 위의 유문부   ③ 항문
④ 공장   ⑤ 회맹부

▌괄약근은 개폐를 담당하는 근육으로 위의 분문과 유문부, 십이지장, 방광, 항문, 회맹부 등 인체의 여러 곳에서 볼 수 있다.

56. 위(stomach)에서 볼 수 있는 운동은 어느 것인가?

① 저작운동
② 공복수축
③ 유모운동
④ 진자운동
⑤ 분절운동

▌식사 후 3~4시간 위에 내용물이 없는 상태에서도 위는 계속적으로 수축운동을 하는데, 이것을 공복수축(hunger contraction)이라고 한다.

57. 간장의 기능이 아닌 것은?

① 해독작용
② 담즙분비
③ 글리코겐 저장
④ 단백질 분해효소의 생성 분비
⑤ 알부민의 합성

58. 저작(씹기)기능과 가장 관련이 큰 뇌영역은?

① hippocampus
② cerebellum
③ brain ventricle
④ thalamus
⑤ parietal lobe

59. 미뢰가 가장 많이 나타나는 설유두는?

① 실유두(filiform papilla)
② 버섯유두(fungiform papilla)
③ 잎새유두(foliate papilla)
④ 성곽유두(vallate papilla)
⑤ 콩팥유두(renal papilla)

60. 식도와 기관과의 위치관계는?

① 식도가 기관의 앞에 있다.
② 기관은 식도의 우측에 있다.
③ 식도가 기관의 뒤에 있다.
④ 기관은 식도의 좌측에 있다.
⑤ 식도와 기관은 멀리 떨어져 있다.

61. 타액 중에 있는 탄수화물 분해효소는?

① 리파아제(lipase)
② 아미노산(amino acid)
③ 아밀라아제(amylase)
④ 레닌(renin)
⑤ 키모트립신(chymotrypsin)

▌타액은 전분을 맥아당으로 분해하는 아밀라아제를 함유하고 있는데, 이것을 프티알린(ptyalin)이라고도 부른다.

62. 위와 식도가 연결되는 곳은 어디인가?

① 각절흔   ② 유문동   ③ 유문
④ 대만   ⑤ 분문

▌위는 분문, 위저, 위체, 유문 등 4부위로 나누고 유문의 유문부에는 유문괄약근이 있어 위의 내용물을 십이지장으로 배출 시 조절한다. 식도와는 분문, 십이지장과는 유문으로 연결되어 있다.

63. 위장계에서 수분을 가장 많이 흡수하는 곳은?

① 소장   ② 대장   ③ 직장
④ 위   ⑤ S상 결장

▌(   ) 상부에서 대부분의 수분인 27.5L가 흡수되고 0.5L만이 대장으로 들어가나 이 중 0.4L는 다시 대장에서 흡수되어 실제는 n0.1L 정도가 배변으로 배설된다.

64. 효소(enzyme)는 다음 중 어떤 물질에 속하는가?

① 탄수화물   ② 단백질
③ 지방질   ④ 핵산
⑤ 호르몬

▌효소의 주성분은 단백질이다.

65. 췌관(pancreatic duct)이 열리는 곳은?

① 유문부(pyloric region)
② 담낭(gallbladder)
③ 공장(jejunum)
④ 십이지장(duodenum)
⑤ 회장(ileum)

66. 위액을 주로 분비하는 위선(gastric gland)은?

① 분문선(cardiac gland)
② 유문선(pyloric gland)
③ 위저선(fundic gland)
④ 쿠퍼선(Cowper's gland)
⑤ 위소만(lesser curvature)

67. 대장이 아닌 것은?

① 맹장   ② 충수   ③ 직장
④ 결장   ⑤ 회장

68. 소장에서 볼 수 없는 운동은?

① 진자운동   ② 집단수축운동
③ 유모운동   ④ 분절운동
⑤ 연동운동

▌집단수축운동은 대장에서 볼 수 있다. 특히 연동운동은 소장벽의 윤상벽의 수축으로 생기며 음식물을 항문 쪽으로 이동시키는 운동으로 이동속도는 매분 1cm 정도이다.

69. 영구치 중 가장 먼저 나오는 치아는?

① 견치   ② 제1절치
③ 제2절치   ④ 제1대구치
⑤ 제2대구치

■ 영구치에서 가장 먼저 나오는 치아는 생후 6~7년에 나오는 제1대구치이다.

70. 저작운동과 관계가 없는 것은?

① 반사적 운동이다.
② 불수의적 운동이다.
③ 저작근 협동운동이다.
④ 수의적 운동이다.
⑤ 답이 없다.

71. 아밀라아제(amylase)의 생성분비 기관은?

① 췌장   ② 위
③ 비장   ④ 간
⑤ 대장

■ 아밀라아제는 ( ) 에서 분비되며 탄수화물을 분해한다.

72. 십이지장의 길이는?

① 15cm   ② 25cm   ③ 35cm
④ 45cm   ⑤ 55cm

73. 담즙의 작용은 어느 것인가?

① 지방→지방산+글리세롤
② 소화물에 담즙색소 첨가
③ 지방을 작게 나눈다.
④ 단백질 소화를 돕는다.
⑤ 담즙 분비는 교감신경에 의해 촉진된다.

■ 담즙산염은 지방을 유화시켜 작게 나누어 지방분해효소 리파아제(lipase)의 활성화를 돕는다. 담즙의 분비는 부교감신경에 의해 촉진된다.

74. 트립신(trypsin)은?

① 단백질을 분해한다.
② 탄수화물을 분해한다.
③ 지방을 분해한다.
④ 비타민을 분해한다.
⑤ 모든 영양분을 분해한다.

75. 식도에 대한 설명으로 옳지 않은 것은?

① 기관의 뒤쪽에 위치한다.
② 연동운동을 하며 위의 분문과 연결된다.
③ 상부는 인두, 하부는 위의 유문과 연결되어 있다.
④ 길이는 25cm, 세 곳의 협착 부위가 있다.
⑤ 식도와 척추 사이에 대동맥이 있다.

■ 식도 하단은 위의 분문과 연결되어 있다. 위의 유문은 십이지장과 연결되어 있다.

76. 삼킴장애 평가에서 가장 관련이 적은 것은?

① 언어 이해력
② 환자의 인지력(cognition)
③ 음식 섭취법
④ 심장질환 여부
⑤ 흡인 여부

77. 십이지장과 연결된 소장은?

① 회장   ② 결장   ③ 맹장
④ 공장   ⑤ 직장

78. 인체에서 가장 긴 창자는?

① duodenum   ② jejunum   ③ cecum
④ colon   ⑤ ileum

■ 십이지장: 25cm, 공장: 2.5m, 회장: 3.5m, 맹장: 7cm, 결장: 1.4m, 직장: 20cm

79. 다음 중 옳은 배열은?

① 펩신(pepsin)-위-탄수화물 분해
② 가스트린(gastrin)-위점막-위액분비 촉진
③ 트립신(tlypsin)-췌장-지방분해
④ 프티알린(ptyalin)-타액선-단백질 분해
⑤ 아밀라아제(amylase)-췌장-단백질 분해

■ 탄수화물 분해효소-ptyalin, amylase, maltase, 단백질 분해효소-trypsin, pepsin, 지방 분해효소-lipase

80. 충수(appendix)가 부착된 부위는?

① colon   ② duodenum
③ cecum   ④ rectum
⑤ ileum

연습문제 II

※설명에 알맞은 용어를 왼쪽의 빈칸에 쓰시오.

① _____ : 연속적이고 불수의적인 근육의 수축과 이완을 특징적으로 하는 운동

② _____ : 위의 내용물이 하부식도괄약근(LES)을 지나 식도로 역류하는 병

③ _____ : 음식덩이(bolus)가 식도로 들어가기 전에 지나가는 후두 외측의 하인두에 있는 피라미드 공간

④ _____ : 미각수용기를 갖고 있는 혀의 구조물

⑤ _____ : 식도와 연결된 위의 부위

⑥ _____ : 십이지장과 연결된 위의 부위

⑦ _____ : 음식물이 기도로 유입되는 것을 방지하는 구조물

⑧ _____ : 담즙과 췌장액/이자액이 음식물과 섞이는 곳

⑨ _____ : 타액/침 안에 있는 탄수화물/녹말 분해효소

⑩ _____ : 십이지장과 연결된 소장

⑪ _____ : 삼킨 음식이 진성대 아래의 기관(trachea)으로 들어가는 것

⑫ _____ : 삼킨 음식이 진성대(true vocal folds) 위까지 들어가는 것

⑬ _____ : 휴지기일 때 위의 내용물이 역류(reflux)하지 못하도록 긴장되어 수축해 있는 근육조직

⑭ _____ : 타액 분비의 반사중추가 위치하는 뇌의 부위

⑮ _____ : 일명 사랑니 또는 지치(wisdom teeth)

⑯ _____ : 충수(appendix)가 부착된 부위

⑰ _____ : 탄수화물, 지방, 단백질을 전부 분해할 수 있는 소화효소를 분비하는 곳

⑱ _____ : 효소의 주성분

해답(Answers)

주요 용어 익히기

1. ① 후두인두 ② 위장관 ③ 점도 ④ 미각기관 ⑤ 연동작용 ⑥ 구개안면구조 ⑦ (위의) 분문 ⑧ 후각상피 ⑨ 후두개곡 ⑩ 저작운동 ⑪ 이상동/조롱박오목 ⑫ 내측익돌근/안쪽날개근 ⑬ 잔여물 ⑭ 사상유두/실유두 ⑮ 교근 ⑯ 공장 ⑰ 삼킴/연하 ⑱ 부정교합 ⑲ 이하선관 ⑳ 위저

2. ① esophagus ② stomach ③ pharynx ④ swallowing center ⑤ rectum ⑥ salivary gland ⑦ small intestine ⑧ bolus ⑨ epiglottis ⑩ duodenum ⑪ parotid gland ⑫ mastocatory m.

6-1

① 아데노이드(adenoids) ② 편도(tonsils) ③ 인두(pharynx) ④ 기관(trachea) ⑤ 식도(esophagus)

6-2

① 이설골근(geniohyoid m.) ② 이설근(genioglossus m.) ③ 설골(hyoid) ④ 식도(esophagus) ⑤ 후두개(epiglottis) ⑥ 구개편도(palatine tons ⑦ 음식덩이(bolus) ⑧ 연구개(soft palate) ⑨ 하비갑개(inferior concha) ⑩ 이관(auditory tube)

6-3

① 앞니오목(incisive fossa) ② 절치(incisors) ③ 송곳니(canine) ④ 소구치/작은어금니(premolars) ⑤ 대구치/큰어금니(molars)

6-4

① 측두근(temporalis) ② 교근(masseter m.) ③ 하악골(mandible) ④ 내측익돌근(medial pterygoid m.) ⑤ 외측익돌근(lateral pterygoid m.)

6-5

① 전두동(frontal sinus) ② 중비갑개(middle nasal concha) ③ 중비도(middle nasal meatus) ④ 하비갑개(inferior nasal concha) ⑤ 이관입구(opening of auditory tube) ⑥ 인두편도(pharyngeal tonsil) ⑦ 접형골동(sphenoidal sinus) ⑧ 뇌하수체(hypophysis/pituitary gland)

6-6

① 후두개(epiglottis) ② 후두계곡(valleculae) ③ 설편도(lingual tonsil) ④ 성곽유두(vallate papillae) ⑤ 중앙구(central sulcus) ⑥ 분계구(terminal sulcus) ⑦ 설맹공(foramen cecum) ⑧ 전구협궁(anterior faucial pillar) ⑨ 구개편도(palatine tonsil)

6-7

① 이하선/귀밑샘(parotid gland) ② 설하선/혀밑샘(sublingual gland) ③ 악하선/턱밑샘(submandibular gland)

6-8

[그림 A] ① 비인두(nasopharynx) ② 구인두(oropharynx) ③ 후두인두(laryngo pharynx) ④ 연구개(soft palate)
⑤ 혀(tongue) ⑥ 후두개(epiglottis) ⑦ 설골(hyoid bone) ⑧ 후두(larynx) ⑨ 식도(esophagus) ⑩ 기관(trachea)
[그림 B] ① 상인두수축근(superior pharyngeal constrictor m.) ② 중인두수축근(middle pharyngeal constrictor m.)
③ 하인두수축근(inferior pharyngeal constrictor m.)

6-9

① 구개인두근(palatopharyngeus m.) ② 갑상연골(thyroid cartilage) ③ 윤상피열근(cricoarytenoid m.) ④ 원형식
도근(circular esophageal m.) ⑤ 기관(trachea) ⑥ 식도(esophagus) ⑦ 소각연골(corniculate cartilage) ⑧ 설상
연골(cuneiform cartilage) ⑨ 피열후두개주름(aryepiglottic fold) ⑩ 후두개(epiglottis) ⑪ 혀(tongue) ⑫ 편도(tonsil)
⑬ 구개수(uvula)

6-10

① 입(mouth) ② 설하선(sublingual salivary glands) ③ 악하선(submandibular) ④ 이하선(parotid glands) ⑤ 인
두(pharynx) ⑥ 기관(trachea) ⑦ 식도(esophagus) ⑧ 위(stomach) ⑨ 간(liver) ⑩ 담낭(gallbladder) ⑪ 췌장
(pancreas) ⑫ 소장(small intestine) ⑬ 결장(colon) ⑭ 맹장(cecum) ⑮ 직장(rectum)

6-11

① 후두전정(laryngeal vestibule) ② 가성대(ventricular folds) ③ 후두실(laryngeal ventricle) ④ 진성대(true vocal
folds) ⑤ 침습(penetration): 음식물이 후두 안으로 들어갔으나 진성대 아래까지 내려가지 않은 상태 ⑥ 흡인
(aspiration): 음식물이 기도로 넘어가 진성대 아래까지 내려간 상태

6-12

① 기관(trachea) ② 식도(esophagus) ③ 위(stomach) ④ 횡격막(diaphragm) ⑤ 하식도괄약근(lower
esophageal sphincter m.) ⑥ 상식도괄약근(upper esophageal sphincter m.)

6-13

① 식도(esophgus) ② 하식도괄약근(lower esophageal sphincter m.) ③ 십이지장(duodenum) ④ 유문부
(pylorus) ⑤ 분문부(cardia) ⑥ 위저(fundus) ⑦ 위체(stomach body)

6-14

① 십이지장(duodenum) ② 공장(jejunum) ③ 회장(ileum)

6-15

① 담관(cystic duct) ② 담낭(gallbladder) ③ 소십이지장유두(lesser duodenal papilla) ④ 대십이지장유두(greater duodenal papilla) ⑤ 췌관(pancreatic duct) ⑥ 부췌관(accessory pancreatic duct) ⑦ 유문괄약근(pyloric sphincter m.) ⑧ 총담관(common bile duct) ⑨ 총간관(common hepatic duct)

6-16

① 맹장(cecum) ② 회장(Ileum) ③ 상행결장(ascending colon) ④ 가로결장(transverse colon) ⑤ 하행결장(descending colon) ⑥ S상결장(sigmoid colon) ⑦ 직장(rectum) ⑧ 항문(anus)

6-17

① 구강기에서는 혀가 음식덩이(bolus)를 연인두(velopharynx) 방향으로 누르며 뒤쪽으로 이동시켜 삼킬 준비를 하는 단계이다. 이 단계에서는 섭식자가 의지적으로 하는 수의적 운동(voluntary movement)이다. ② 인두기에서는 음식덩이가 구협궁(faucial arches)에서 식도 전까지 이동하고 후두가 위로 움직여 후두개와 성대가 닫혀 흡인(aspiration)으로부터 기도를 보호한다. 이와 동시에 연인두문(velopharyngeal port)이 닫혀서 음식이나 유동체가 비강으로 들어가는 것도 막아 주어야 한다. 식도의 개방을 위해 상식도괄약근(UES)의 이완이 일어난다. ③ 식도기에서 음식덩이는 식도의 윗부분에 있으며, 이때 UES는 역류(reflux)를 막기 위해 폐쇄된다. 음식덩이는 식도의 연동파(peristalsis wave)에 의해 하식도괄약근(LES)를 거쳐 위(stomach)로 들어간다.

연습문제 해답 I

1. ⑤	2. ②	3. ①	4. ①	5. ③	6. ③	7. ②	8. ④	9. ③	10. ⑤
11. ②	12. ④	13. ⑤	14. ④	15. ③	16. ①	17. ②	18. ③	19. ①	20. ①
21. ③	22. ①	23. ③	24. ⑤	25. ②	26. ①	27. ②	28. ④	29. ④	30. ③
31. ③	32. ①	33. ①	34. ③	35. ②	36. ④	37. ④	38. ①	39. ①	40. ④
41. ②	42. ④	43. ②	44. ②	45. ⑤	46. ④	47. ②	48. ②	49. ③	50. ①
51. ③	52. ①	53. ③	54. ②	55. ④	56. ②	57. ④	58. ②	59. ①	60. ③
61. ③	62. ⑤	63. ①	64. ②	65. ④	66. ③	67. ⑤	68. ②	69. ④	70. ②
71. ①	72. ②	73. ③	74. ①	75. ③	76. ②	77. ④	78. ⑤	79. ②	80. ③

연습문제 해답 II

① 연동운동(peristaltic movement) ② 위식도역류병(GERD) ③ 이상동/조롱박오목(pyriform sinus) ④ 미뢰/맛봉오리(taste bud) ⑤ 분문(cardia) ⑥ 유문(pylorus) ⑦ 후두개(epiglottis) ⑧ 십이지장(duodenum) ⑨ 아밀라아제(amylase) ⑩ 공장(jejunum) ⑪ 흡인(aspiration) ⑫ 침습(penetration) ⑬ 하식도괄약근(LES) ⑭ 연수(medulla oblongata) ⑮ 제3 대구치(3rd molar teeth) ⑯ 맹장(cecum) ⑰ 췌장/이자(pancreas) ⑱ 단백질(protein)

제7장

청각기관의 해부와 생리

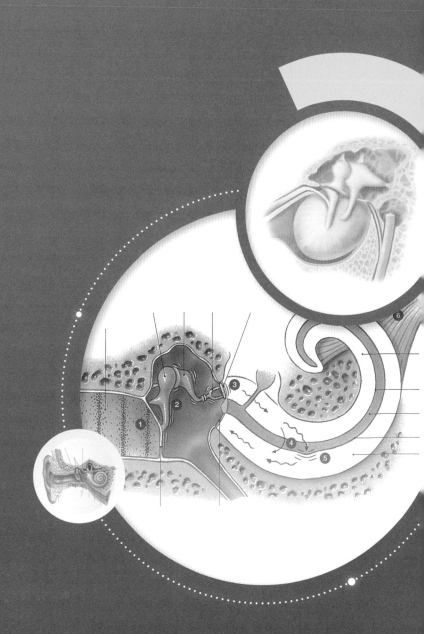

07 주요 용어 익히기

1. 다음 용어를 국문으로 바꾸시오.

① antihelix _____   ② tympanic umbo _____

③ malleus _____   ④ tensor tympani m. _____

⑤ labyrinth _____   ⑥ scala vestibuli _____

⑦ perilymph _____   ⑧ levator veli palatini m. _____

⑨ inner hair cell _____   ⑩ tympanic reflex _____

⑪ shearing effect _____   ⑫ tectorial membrane _____

⑬ saccule _____   ⑭ cochlear implant _____

⑮ stereocilia _____   ⑯ handle of malleus _____

⑰ epitympanum _____   ⑱ osseous labyrinth _____

⑲ fundamental frequency _____   ⑳ sense of equilibrium _____

2. 다음 용어를 영문으로 바꾸시오.

① 고막 _____   ② 이소골 _____

③ 외이도 _____   ④ 정원창 _____

⑤ 이관 _____   ⑥ 기저막 _____

⑦ 전정 _____   ⑧ 청각중추 _____

⑨ 반규관 _____   ⑩ 청능장애 _____

⑪ 탈분극 _____   ⑫ 이석 _____

[7-1]은 귀의 구조를 보여 주고 있다. 번호에 알맞은 명칭을 쓰시오.

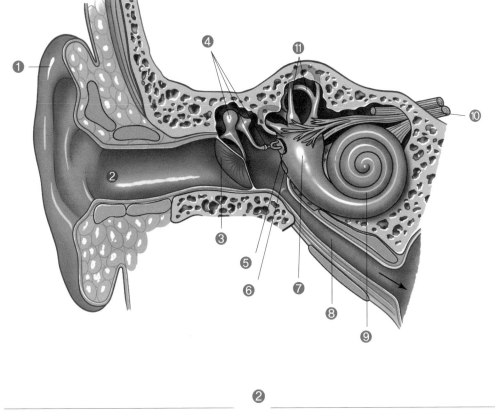

❶ _____   ❷ _____

❸ _____   ❹ _____

❺ _____   ❻ _____

❼ _____   ❽ _____

❾ _____   ⑩ _____

⑪ _____

어원으로 익히는 전문용어

접두사 ultra-는 '넘어서(beyond)'를, 어근 son-은 '소리(sound)'를, 어근 -graphy '기록하는 기계'를 의미한다. 따라서 ultrasonography는 '초음파검사'를 의미한다.

유사한 예) ultrasonic frequency(접두사 ultra- + sonic '소리' + frequency) = 초음파

[7-2]는 외이(outer ear)의 구조를 보여 주고 있다. 번호에 알맞은 명칭을 쓰시오.

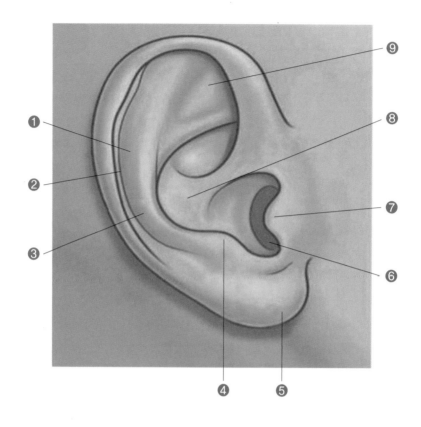

❶ _____   ❷ _____

❸ _____   ❹ _____

❺ _____   ❻ _____

❼ _____   ❽ _____

❾ _____

[7–3]은 고막(tympanic membrane)의 구조를 보여 주고 있다. 번호에 알맞은 명칭을 쓰시오.

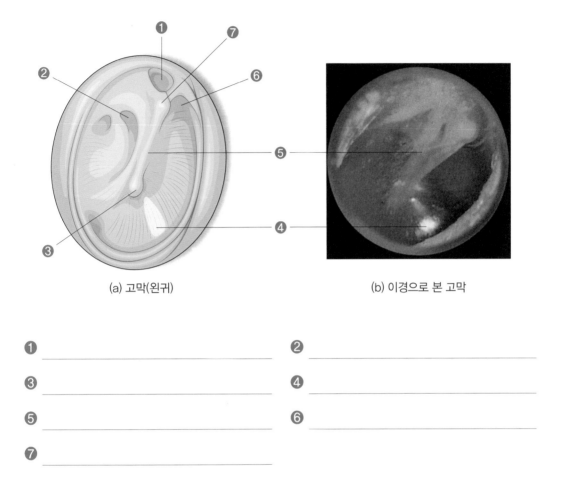

(a) 고막(왼귀) (b) 이경으로 본 고막

❶ _____ ❷ _____

❸ _____ ❹ _____

❺ _____ ❻ _____

❼ _____

어원으로 익히는 전문용어

접두사 ex–는 '밖으로'를, 어근 –spir(o)는 '호흡'을, 접미사 –ation로 구성되어 있다. 따라서 expiration은 '날숨' 또는 '호기'를 의미한다. 여기서 spir–의 's'가 'x'와 유사한 발음이기 때문에 생략된 것이다.

유사한 예) inspiration(접두사 in– + 어근 –spir + 접미사 –ation) = '들숨' 또는 '흡기'

어근 articul–은 '관절'을, 접미사 –ar, 어근 cartilage는 '연골'을 의미한다. 따라서 articular cartilage는 '관절연골'을 의미한다.

유사한 예) articular process(어근 articul– + –ar + process '돌기') = 관절돌기

[7–4]는 이소골(auditory ossicles)의 구조를 보여 주고 있다. 번호에 알맞은 명칭을 쓰시오.

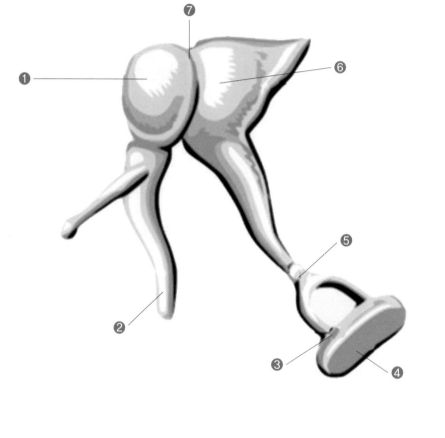

❶ _____   ❷ _____

❸ _____   ❹ _____

❺ _____   ❻ _____

❼ _____

어원으로 익히는 전문용어

어근 tom(o)–는 '절단'을, 어근 –gram은 '기록'를 의미한다. 따라서 tomogram은 '단층촬영영상'을 의미한다.

유사한 예) tomography(어근 tom– + 결합형 모음(o) + 어근 graphy '기록하는 기계') = 단층촬영술

[7–5]는 중이(middle ear)의 구조를 보여 주고 있다. 번호에 알맞은 명칭을 쓰시오.

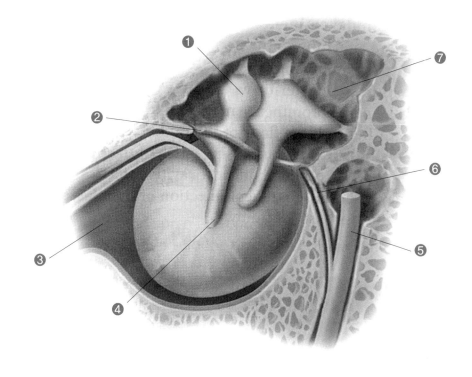

❶ _____ ❷ _____

❸ _____ ❹ _____

❺ _____ ❻ _____

❼ _____

어원으로 익히는 전문용어

어근 tox–는 '독'을, –ology는 'study of'를 의미한다. 따라서 toxicology는 '독성학' 또는 '독물학'을 의미한다.
유사한 예) toxin(어근 tox– + in '물질') = 독소

접두사 contra–는 '반대의'를, 어근 lateral–는 '대측의', masking은 '차폐'를 의미한다. 따라서 contralateral masking은 '대측차폐'를 의미한다.
유사한 예) contralateral reflex(접두사 contra– + –lateral + reflex '반사') = 대측성 반사

[7-6]은 이내근(auditory m.)의 구조를 보여 주고 있다. 번호에 알맞은 명칭을 쓰시오.

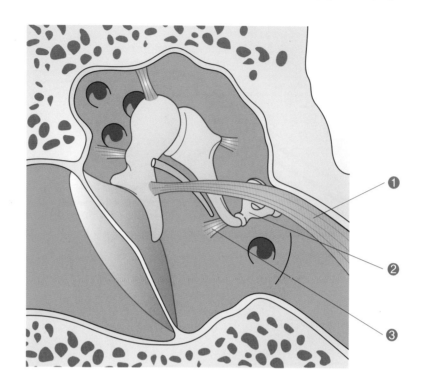

❶ _____　　❷ _____

❸ _____

라틴어와 희랍어에서 파생된 영어 숫자

일. mono- 또는 uni-: monopoly '독점' unilateral '일방의'

이. di- 또는 bi-: dialogue '대화' bilateral '쌍방의'

삼. tri-: triangle '삼각형'

사. tetra- 또는 quard-: tetrameter '(영시의) 4보격' quarter '4분의 1'

오. penta-: pentagon '5각형'

육. hexa-: hexagon '6각형'

칠. hepta-: heptagon '7각형'

팔. octo-:octagon '8각형' octopus '문어'

구. nona-: nonary '9진법'

십. decan-: decade '10년' decibel(dB 벨의 10분의 1)

[7-7]은 미로(labyrinth)의 구조를 보여 주고 있다. 번호에 알맞은 명칭을 쓰시오.

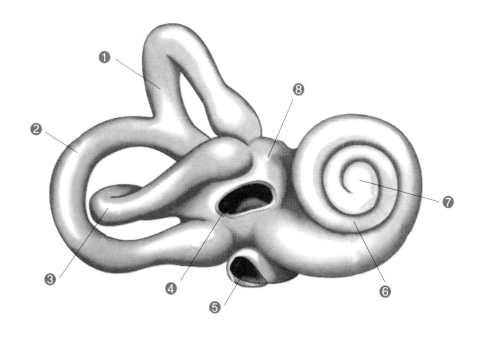

❶ _____ ❷ _____

❸ _____ ❹ _____

❺ _____ ❻ _____

❼ _____ ❽ _____

어원으로 익히는 전문용어

접두사 hemi—는 '반(half)'를, 어근 –plegia는 '마비'를 의미한다. 따라서 hemiplegia는 '반마비'를 의미한다.

유사한 예) quardriplegia(접두사 quardri– 'four' + plegia) = 사지마비

cf. paraplegia 하반신마비

※마비의 의미로 세 가지 의학용어(paralysis, plegia, paresis)가 있다: paralysis와 plegia는 중추신경(CNS)의 손상으로 인한 마비이고, paresis는 말초신경(PNS)에 의한 마비를 가리킨다.

[7–8]은 와우(cochlea)와 그 주변의 구조를 보여 주고 있다. 번호에 알맞은 명칭을 쓰시오.

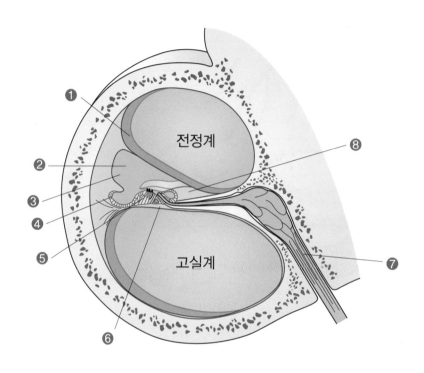

① _____ **②** _____

③ _____ **④** _____

⑤ _____ **⑥** _____

⑦ _____ **⑧** _____

어원으로 익히는 전문용어

접두사 hypo는 '아래'를, 어근 –ox는 '산소'를, 접미사 –ia는 '증세'를 의미한다. 따라서 hypoxia는 '저산소증'을 의미한다. 여기서 원래 hypopoxia가 되어야 하는데 동음생략으로 hypoxia가 된 것임.

유사한 예) anoxia(부정의 접두사 a(n)– 'not' + 어근 –ox + 접미사 –ia) = 무산소증

[7~9]는 코르티기관의 구조를 보여 주고 있다. 번호에 알맞은 명칭을 쓰시오.

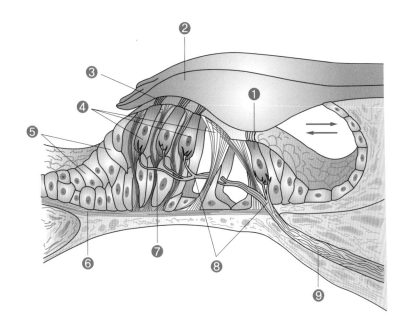

❶ _____   ❷ _____

❸ _____   ❹ _____

❺ _____   ❻ _____

❼ _____   ❽ _____

❾ _____

어원으로 익히는 전문용어

접두사 pneumo–는 '공기(air)' 또는 '폐'를, 어근 –thorax는 '흉부'를 의미한다. 따라서 pneumothorax는 '(폐에서 흉부로 공기가 빠지는) 기흉'을 의미한다.

유사한 예) pneumonia(어근 pneumo– '폐' + 접미사 –(n)ia '증세') = 폐렴

여기서 원래 pneumo+ia가 되어야 하지만, 모음충돌을 피하기 위해 매개자음 'n'이 추가된 것이다.

[7-10]은 기저막(basilar membrane))의 구조를 설명하는 그림이다. 간단히 설명하여 보시오.

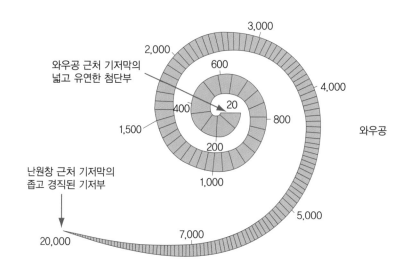

❶ _____

_____

_____

_____

❷ _____

_____

_____

_____

어원으로 익히는 전문용어

부정의 접두사 a—는 'not'을, 어근 –trophy는 '발육(development)' 또는 '영양(nourishment)'를 의미한다. 따라서 atrophy 는 '위축(증)'을 의미한다.

유사한 예) hypertrophy(접두사 hyper– '과잉' + 어근 –trophy) = 비대(증)

[7-11]은 절대가청한계(absolute threshold of audibility)와 회화영역(conversation area)을 보여 주고 있다. 이에 대하여 아는 바를 기술하시오.

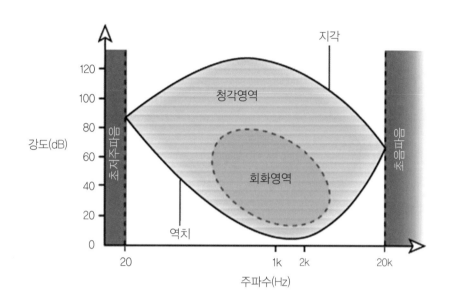

❶ _____

_____

❷ _____

_____

❸ _____

_____

어원으로 익히는 전문용어

접두사 dia–는 '~사이에(between)'를, 어근 –log는 '말'을 의미한다. 따라서 dialogue는 '대화'를 의미한다.

유사한 예) logophobia(어근 log—는 '말' + 접미사 phobia '공포증') = 언어공포증

[7-12]는 소리의 전달경로를 보여 주고 있다. ①~⑥까지의 과정을 간단히 설명하시오.

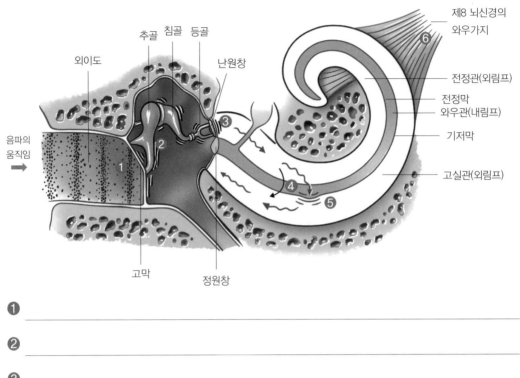

① _____

② _____

③ _____

④ _____

⑤ _____

⑥ _____

청각관련 질병 명칭

난청 hearing impaired/hearing loss	중이염 otitis media	소음성 난청 noise-induced hearing loss
노인성 난청 senile deafness	외이도염 otitis externa	삼출성 중이염 otitis media with effusion
전정신경염 vestibular neuritis	이염 otitis	청각과민증 misophonia
고막염 myringitis	급성 중이염 acute otitis media	청신경종양 acoustic tumor
이명 tinnitus	와우염/달팽이염 cochleitis	메니에르병 Meniere's disease
이통 otalgia	감각신경성 난청 sensorineural hearing loss	
전음성 난청 conductive hearing loss	내이염 otitis interna	만성중이염 chronic otitis media
혼합성 난청 mixed hearing loss	이석증 otolithiasis	
돌발성 난청 sudden sensory neural hearing loss		

연습문제 I

1. 와우(cochlea)의 구조에 대한 설명으로 옳은 것만 고른 것은?

> 가. 전정계와 고실계에는 외림프가 들어 있다.
> 나. 중간계에는 내림프액이 차 있다.
> 다. 전정계와 고실계는 와우공으로 교통한다.
> 라. 전정계의 시작부는 난원창, 고실계의 끝에는 정원창이 있다.

① 가, 나, 다　　② 가, 다　　③ 나, 라
④ 라　　⑤ 가, 나, 다, 라

2. 소리자극을 받아 등골(등자뼈, stapes)이 움직이면 맨 처음 자극하는 내이의 구조물은?

① 고실계　　② 중간계　　③ 난원창
④ 정원창　　⑤ 전정계

3. 평형감각기가 위치하는 곳은?

① 기저막　　② 구형낭　　③ 코르티기관
④ 전정계　　⑤ 중간계

4. 평형 · 청각기를 보유하고 있는 뼈는?

① 전두골　　② 측두골　　③ 두정골
④ 후두골　　⑤ 접형골

■ 귀가 위치하는 뼈는 측두골이다.

5. 달팽이관의 회전 수로 옳은 것은?

① 1.5　　② 2.5　　③ 3.5
④ 4.5　　⑤ 5.5

■ 달팽이관(cochlear duct), 그리고 그 속에 들어 있는 코르티기관은 (　　) 번 회전한다.

6. 외이와 중이의 경계가 되는 구조는?

① 유스타키오관(Eustachian tube)
② 난형창(oval window)
③ 이소골(auditory ossicles)
④ 고막(tympanic membrane)
⑤ 이개(pinna)

7. 등골근 반사의 중추는?

① cerebrum　　② diencephalon
③ mid brain　　④ cerebellum
⑤ brain stem

8. 골성와우의 횡단면 구조를 설명한 것으로 옳지 않은 것은?

① 전정계, 중간계, 고실계로 구분된다.
② 중간계는 달팽이관으로 본체인 청각기가 수용되어 있다.
③ 달팽이관과 중간계는 기저막이 경계를 이루고 있다.
④ 전정계와 달팽이관 사이는 전정막이 있다.
⑤ 달팽이관은 원통형 구조이다.

■ 중간계(scala media)는 달팽이관(cochlear duct)이라고 하는데, 횡단면상으로는 삼각형을 이루고 있으며 전정계(scala vestibuli)와의 사이에는 얇은 막인 전정막(vestibular membrane)으로 접해 있고, 고실계와는 비교적 두꺼운 기저막(basilar membrane)으로 경계를 이루고 있다. 이 기저막에 청각기의 본체인 코르티기관이 있다.

9. 다음 설명 중 옳은 것은?

> 가. 중이의 압력은 이관이 조절한다.
> 나. 하품 시 귀의 먹먹함은 달팽이관의 작용이다.
> 다. 음파의 떨림을 림프액의 진동으로 변화시키는 것은 전정계이다.
> 라. 소리에 대한 감각세포는 반고리관에 위치한다.
> 마. 달팽이관은 2.5회전 하고 있다.

① 가, 나　　　　　② 나, 다, 라
③ 가, 다, 마　　　④ 라, 마
⑤ 가, 나, 다, 라

10. 내림프액(endolymph)에 잠겨 있으면서 유모세포를 통해 소리를 감지하는 곳은?

① 세반고리관(semicircular canals)
② 정원창(round window)
③ 기저막(basilar membrane)
④ 난원창(oval window)
⑤ 라이스너막(Reissner's membrane)

11. 청각장애 아동이 많은 오류를 보이는 자음군은?

① 양순파열음(bilabial plosives)
② 치경마찰음(alveolar fricatives)
③ 경구개파찰음(palatal affricates)
④ 양순비음(bilabial nasals)
⑤ 연구개파열음(velar plosives)

12. 중이(middle ear) 안에서의 소리의 전달경로를 바르게 기술한 것은?

① 고막 → 침골 → 등골 → 추골 → 정원창
② 고막 → 추골 → 침골 → 등골 → 정원창
③ 고막 → 등골 → 추골 → 침골 → 정원창
④ 고막 → 추골 → 침골 → 등골 → 난원창
⑤ 고막 → 침골 → 추골 → 등골 → 난원창

■ 추골(malleus)은 추골병으로 고막과 연결되고, 등골 (stapes)은 등골발판으로 난원창과 연결된다.

13. 다음 중 달팽이관에서 주로 저주파수 음을 감지하는 부위는?

① 기저부
② 첨부
③ 중간부
④ 기저부와 첨부
⑤ ①, ②, ③, ④ 모두

14. 음파의 자극이 액체의 진동으로 바뀌는 곳은?

① 이소골   ② 전정계   ③ 고막
④ 이관   ⑤ 외이도

■ 음파에 의하여 일어나는 고막의 진동은 이소골에 의하여 22배 정도로 증폭되어 난원창에 전달되고, 이어서 전정계 (scala vestibuli)에 들어 있는 외림프가 진동을 일으킨다.

15. 청각검사기(audiometer)에서 주로 사용되는 소리 강도의 단위는?

① dBSPL   ② dB   ③ dBA
④ dBSL   ⑤ dBHL

16. 이관 또는 유스타키오관에 관한 설명으로 옳은 것은?

① 중이관의 상부 2/3는 뼈로 이루어져 있다.
② 중이관의 하부 1/3은 연골로 이루어져 있다.
③ 중이관의 아래쪽 입구는 비강 입구 쪽에서 개구한다.
④ 중이관은 중이강의 공기가 밖으로 노출되지 않도록 차단하는 역할을 한다.
⑤ 중이강 안의 병적 분비물을 분화시켜 제거한다.

17. 청각반사(acoustic reflex) 또는 고실반사(tympanic reflex) 현상이 나타나는 이유는?

① 귀를 보호하기 위하여
② 큰 소리를 차단하기 위하여
③ 음향저항을 줄이기 위하여
④ 소리의 전달과정을 용이하게 하기 위하여
⑤ 소리를 증폭시키기 위하여

18. 소리의 전달과정에서 외이, 중이, 내이를 거치면서 에너지가 변화한다. 중이에서 내이로 소리가 전달될 때의 에너지 변화는?

① 음향 에너지에서 기계 에너지로
② 기계 에너지에서 신경 에너지로
③ 액체 에너지에서 신경전기 에너지로
④ 기계 에너지에서 액체 에너지로
⑤ 신경전기 에너지에서 액체 에너지로

19. Corti기관의 지붕인 젤라틴 같은 구조물은?

① 덮개막(tectorial membrane)
② 혈관조(stria vascularis)
③ 내유모세포(inner hair cell)
④ 외유모세포(outer hair cell)
⑤ 라이스너막(Reissner's membrane)

20. 외이에서 중이로 소리가 전달될 때, 에너지는 어떻게 변화하는가?

① 음향 에너지에서 신경전기 에너지로
② 음향 에너지에서 기계 에너지로
③ 액체 에너지에서 신경전기 에너지로
④ 기계 에너지에서 액체 에너지로
⑤ 기계 에너지에서 신경전기 에너지로

21. 내이(internal ear)에 속하지 않는 것은?

① 반고리관   ② 달팽이관
③ 이관   ④ 코르티기관
⑤ 전정기관

■ 이관은 중이에 속한다.

22. 동일강도곡선을 표시하는 심리학적 단위는?

① Mel   ② Phon
③ Sone   ④ CPS
⑤ dB

23. 평형 및 청각에 관여하는 뇌신경은?

① CN Ⅲ   ② CN Ⅵ
③ CN Ⅷ   ④ CN Ⅸ
⑤ CN Ⅹ

24. 인공와우 이식수술을 받을 수 있는 청각장애 환자는?

① 전음성 난청
② 감각신경성 난청
③ 혼합성 난청
④ 노인성 난청
⑤ 위 모두

25. 언어를 인지하는 데 가장 민감한 주파수는?
① 500Hz　② 1,000Hz　③ 1,500Hz
④ 2,000Hz　⑤ 4,000Hz

■ (　　　)의 기저막(basilar membrane) 위에 청각기의 본체인 코르티기관(organ of Corti)이 2.5회 회전하는 융기부로 나타난다.

26. 다음 중 청각과 직접적인 관계가 있는 부위는?
① 반고리관　② 전정기관　③ 이관
④ 달팽이관　⑤ 난형낭

■ 청각: 달팽이관 속의 코르티기관(와우신경)
평형각: 반고리관, 구형낭, 난형낭(전정신경)

27. 중이와 내이를 경계 짓는 것은?
① round window　② tympanic membrane
③ oval window　④ ossicles
⑤ Eustachian tube

28. 국제표준기구(ISO)에서 제시한 청력장애 기준표에 의한 고도난청은?
① 27~40dB　② 41~55dB　③ 56~70dB
④ 71~90dB　⑤ 91dB 이상

29. 고막과 난원창의 면적비는 17:1이다. 이로 인한 음압의 증강으로 적합한 것은?
① 15dB　② 25dB　③ 35dB
④ 45dB　⑤ 55dB

30. 제2고막(secondary tympanic membrane)으로 알려진 것은?
① oval window　② tectorial membrane
③ round window　④ basilar membrane
⑤ Reissner's membrane

31. 인체에서 가장 작은 근육은?
① 등골근　② 삼각근　③ 구륜근
④ 협근　⑤ 소근

■ 3개의 이소골 가운데 하나를 지지해 주는 아주 작은 근육으로 무게는 0.1g, 길이는 2~3mm 정도이다.

32. 고막(tympanic membrane)의 제부(배꼽 부위)에 붙어 있는 이소골의 명칭은?
① 침골(incus)
② 등골(stapes)
③ 추골(malleus)
④ 서골(vomer)
⑤ 교근(masseteric m.)

33. 이관(auditory tube)의 길이는?
① 약 0.5cm
② 약 1.5cm
③ 약 2.5cm
④ 약 4.5cm
⑤ 약 5.5cm

34. 주파수가 가장 높은 음소는?
① /u/　② /i/
③ /s/　④ /p/
⑤ /m/

35. 골미로(bony labyrinth)에 대한 설명이다. 옳은 것을 모두 고른 것은?

가. 측두골 추체 속의 통로로 구성된다.
나. 전정, 골반고리관 및 와우의 3부로 구분한다.
다. 골반고리관은 3개의 반원상 고리로서 서로 직각을 이루고 있다.
라. 골반고리관의 개구부는 팽대를 형성한다.

① 가, 나, 다　② 가, 다
③ 나, 라　④ 라
⑤ 가, 나, 다, 라

36. 다음 중 연결이 틀린 것은?
① 이소골–3쌍
② 전정기관–위치감각
③ 달팽이관–코르티기관
④ 이관–고막 안팎의 압력 평등
⑤ 난형낭–평형감각

37. 하품을 하고 난 후 귀가 멍멍해졌다. 다음 중 어느 기관과 관계가 있나?
① 전정기관
② 달팽이관
③ 코르티기관
④ 이관(auditory tube 또는 Eustachian tube)
⑤ 반고리관

■ 코를 세게 풀거나 높은 산에 올라가면 귓속이 멍해지는 원인도 이와 관련이 있다.

38. 와우는 약 2.5회 가량 감긴 형태인데 그 길이는?
① 약 1cm
② 약 2cm
③ 약 3cm
④ 약 4cm
⑤ 약 5cm

39. 고막의 설명 중 잘못된 것은?

① 중심부가 약간 튀어나왔다.

② 두께는 약 0.1mm이다.

③ 추골의 추골병과 연결되어 있다.

④ 피부층, 섬유층, 점막층으로 구성되어 있다.

⑤ 상부는 좁은 긴장부이고, 하부는 넓은 이완부이다.

■ 고막은 이완부와 긴장부로 구분하는데, 추골조 상부는 비교적 이완되어 있어 이완부(flaccid portion)라 하며 그 나머지 부분을 긴장부(tense portion)라 한다. 또한 고막은 장축이 약 10mm, 단축이 약 8mm의 타원형으로 중심부가 중이 쪽으로 튀어나와 있다. 고유진동수는 초당 1,300~1,500회이다.

40. 다음 연결 중 옳은 것은?

① 달팽이관-중이

② 평형감각-전정기관

③ 이소골-내이

④ 반고리관-위치감각

⑤ 코르티기관-평형감각

41. 이관과 교통이 옳은 것은?

① 중이-이관-후두

② 외이-이관-중이

③ 중이-이관-인두

④ 중이-이관-내이

⑤ 중이-이관-안와

■ 이관은 약 4cm 되는 관으로 골부와 연골부로 구성되며 중이의 고실(중이강)과 비인두 사이를 연결한다.

42. 측두골의 유양돌기 내부에 형성된 유양동(mastoid antrum)은 어디와 교통하는가?

① 비강   ② 후두

③ 내이   ④ 중이

⑤ 외이

43. 측두골 속에서 볼 수 있는 뼈는?

① 침골(incus)   ② 늑골(ribs)

③ 슬개골(patella)   ④ 거골(talus)

⑤ 흉골(sternum)

44. 감각신경성 난청 아동에 대한 설명으로 옳은 것은?

① 어음 이해도가 우수한 편이다.

② 외이도폐쇄로 인해 발생한다.

③ 골도 헤드폰을 착용했을 때 소리가 잘 들린다.

④ 기도 전도와 골도 전도 역치에 차이가 있다.

⑤ 기도 전도와 골도 전도 역치에 차이가 없다.

45. 감수기와 관련된 감각의 연결이다. 옳지 않은 것은?

① 미뢰-미각

② 반고리관-촉각

③ 코르티기관-청각

④ 막대세포-시각

⑤ 구형낭-평형감각

■ 내이의 ( )과 난형낭 및 구형낭은 평형감각을 감수하는 부위이다.

46. 1사이클의 정의는?

① 1개의 희박상

② 1개의 교대상

③ 1개의 압축상과 1개의 교대상

④ 1개의 교대상과 1개의 희박상

⑤ 1개의 희박상과 1개의 압축상

47. 고막에 내한 설명이다. 옳은 설명만 고른 것은?

> 가. 광추(corn of light)는 반사경의 광선에 삼각형으로 반사되는 곳이다.
> 나. 고막반사(청각반사)는 고막장근(tensor tympani)과 등골근(stapedius)의 반사수축이다.
> 다. 고막반사는 큰 소음에 의한 손상으로부터 소리의 전달을 감소시킨다.
> 라. 고막은 상벽과 하벽이 수직으로 부착되어 있다.

① 가, 나, 다   ② 가, 다

③ 나, 라   ④ 라

⑤ 가, 나, 다, 라

■ 고막은 상벽과 하벽이 서로 경사되게 부착되어 있으며 그 중간에 배꼽에 해당되는 고막제(tympanic umbo)가 추골병에 붙어 있다.

48. 건강한 성인의 일반적인 청각 특성이 아닌 것은?

① 가청주파수 범위: 20~20,000Hz

② 가장 민감한 반응주파수 범위: 500~8,000Hz

③ 가청음압 범위: 0~140dBSPL

④ 최적 청취역치: 60~140dBSPL

⑤ 회화음역: 200~6,100Hz

49. dB HL의 설명으로 틀린 것은?

① 청력검사기(audiometer)에 나타나는 소리의 단위이다.

② 개인의 청력역치를 기준으로 한다.

③ 보편적인 데시벨 표기법이다.

④ dB SPL과는 차이가 있다.

⑤ 10~+20dBHL이 정상범위이다.

50. 소리의 강도를 표시하는 단위 가운데 정상 성인의 최소가청역치의 평균치를 기준(0dB)으로 하는 것은?

① dBSL   ② dBHL   ③ dBSPL
④ dBA   ⑤ mel

51. 0dB SPL과 일치하는 동력이나 압력의 단위는?

① 40μPa   ② 2×10^{-4} dyne/m^3
③ 1×10^{-8} Watt/cm^3 ④ 1×10^{-13} Watt/cm^3
⑤ 1×10^{-16} Watt/cm^2

52. 소리의 고저를 나타내는 심리학적 단위는?

① sone   ② dBHL   ③ phon
④ Mel   ⑤ dB

53. 아동의 청각장애를 발견한 부모의 반응은?

① 부정 → 분노 → 수용
② 수용 → 분노 → 부정
③ 수용 → 부정 → 분노
④ 분노 → 부정 → 수용
⑤ 분노 → 수용 → 부정

54. 주파수(frequency)와 반비례 관계인 것은?

① 소리의 속도   ② 소리의 강도
③ 주기   ④ 소리의 질
⑤ 소리의 고저(피치)

55. 코르티기관이 위치하는 곳은?

① 고막   ② 기저막
③ 전정막   ④ 평형반
⑤ 덮개막

∎ 달팽이관의 기저막(basilar membrane) 위에 청각기의 본체인 코르티기관이 2.5회 회전하는 융기부로 나타난다.

56. 외이도(external auditory canal)의 공명주파수를 잘 표현한 것은?

① 0.5~2kHz   ② 0.5~1kHz
③ 1~2kHz   ④ 2~4kHz
⑤ 4~6kHz

57. 청각반사의 중추는?

① 대뇌(cerebrum)
② 간뇌(diencephalon)
③ 중뇌(midbrain)
④ 연수(medulla oblongata)
⑤ 뇌교(pons)

∎ 중뇌의 상구는 시각반사중추, 하구는 청각반사중추이다.

58. 고주파성 난청을 보이며, 유모세포의 손상이 있고 보통 이명을 동반하는 난청은?

① 선천성 난청
② 노인성 난청
③ 소음성 난청
④ 바이러스 감염에 의한 난청
⑤ 전음성 난청

59. 청각적 이해력을 알아보기 위해 쓰일 수 있는 검사는?

① 지연청각피드백(delayed auditory feedback)
② 근전도검사(electromyography test)
③ 토큰검사(token test)
④ 이분청력검사(dichotic listening test)
⑤ 전기성문파형검사(electroglottography test)

60. 전정계와 상관없는 것은?

① 난형낭(utricle)
② 구형낭(saccule)
③ 세반고리관(semicircular canal)
④ 코르티기관(organ of Corti)
⑤ 이석(otolith)

61. 다음 중 가장 먼저 발달하는 청지각능력단계는?

① discrimination
② detection
③ integrity
④ comprehension
⑤ identification

62. 구형낭(saccule)과 난형낭(utricule)에 대한 설명으로 옳은 것은?

가. 난형낭에 의하여 서로 교통하며, 속에는 내림프가 차 있다.
나. 구형낭과 난형낭을 평형반이라고 한다.
다. 평형반에는 이석이 들어 있다.
라. 이석은 몸의 회전감각을 감지한다.

① 가, 나, 다   ② 가, 다
③ 나, 라   ④ 라
⑤ 가, 나, 다, 라

∎ 평형반(macula)은 특수한 감각세포의 집단으로 운동성이 없는 섬유가 있고, 그 끝은 젤라틴 물질로 합쳐져 있는데, 이를 이석기(otolith organ)라고 한다. 이석기 속에는 탄산석회의 결정으로 된 이석이 들어 있는데, 이석은 중력에 대한 머리의 위치를 감지한다.

63. 소리의 크기를 표시하는 단위는?

① 데시벨(dB)   ② 헤르츠(Hz)
③ 파스칼(pascal)   ④ 암페어(amp)
⑤ 멜(mel)

64. 사람이 들을 수 있는 가청범위는?

① 20~2,000Hz
② 16~20,000Hz
③ 200~6,100Hz
④ 20~10,000Hz
⑤ 3,000~4,000Hz

▎사람의 가청범위는 보통 나이와 함께 줄어든다. 대부분의
성인은 이미 16,000Hz 이상을 들을 수 없다.

65. 청각에 가장 예민한 진동수의 범위는?

① 100~1,000Hz   ② 200~1,000Hz
③ 200~4,000Hz   ④ 1,000~3,000Hz
⑤ 2,000~8,000Hz

▎사람은 중간주파수 대역 부근의 소리를 가장 잘 들을 수 있
다. 이 대역에서는 2Hz 이상이면 소리를 감지할 수 있다.

66. 대화 시 정상 말소리의 강도는?

① 45dB   ② 55dB
③ 65dB   ④ 75dB
⑤ 85dB

67. 대화영역 주파수로 가장 역할이 작은 주파수는?

① 250Hz   ② 500Hz
③ 1,000Hz   ④ 2,000Hz
⑤ 5,000Hz

68. 소리의 물리적 전도기관 손상으로 생기는 난청
은?

① 전음성 난청(conductive hearing loss)
② 내이성 난청(inner ear hearing loss)
③ 혼합성 난청(mixed hearing loss)
④ 감각신경성 난청(sensorineural hearing loss)
⑤ 정답 없음

69. 몸의 위치나 운동 방향 등 평형감각에 관여하
는 부위를 모두 고르시오.

① 가, 나, 다   ② 가, 다
③ 나, 라   ④ 라
⑤ 가, 나, 다, 라

▎평형감각은 반고리관, 구형낭 및 난형낭의 유모세포에서
감지한다.

70. 이개에서 고막에 이르는 에너지가 음향 에너
지라면, 이소골에서 난원창에 이르는 에너지는
어떤 에너지 형태인가?

① 전기적 에너지
② 기계적 에너지
③ 수력 에너지
④ 화학적 에너지
⑤ 정답 없음

71. 안면신경의 지배를 받으며 강한 음으로부터 반
사적으로 수축하여 내이를 보호하는 기능을 가
진 근육은?

① 등골근   ② 구개범장근
③ 안면근   ④ 저작근
⑤ 교근

72. 다음 중 회화음역을 나타낸 것은?

① 20~20,000Hz   ② 100~1,000Hz
③ 100~4,000Hz   ④ 200~6,100Hz
⑤ 400~8,000Hz

73. Georg von Békésy는 소리자극에 의한 기저막
의 진동양식이 누증적(cumulative)이며 선형적
(linear)이라고 하였다. 이 원리는?

① 주파수이론(Frequency theory)
② 위치이론(place theory)
③ 공명이론(Resonance theory)
④ 진행파이론(Traveling theory)
⑤ 기류역학이론(Aerodynamic theory)

74. 침골(모루뼈)과 맞닿아 있는 구조물은?

① 등골(등자뼈)의 발판(footplate)
② 추골(망치뼈)의 두부
③ 등골의 다리(crus)
④ 추골의 긴 돌기(long process)
⑤ 추골의 손잡이

75. 보통 숨소리는?

① 5dB   ② 10dB   ③ 15dB
④ 20dB   ⑤ 25dB

76. 제1차청각영역은 어디에 있는가?

① 전두엽   ② 후두엽
③ 두정엽   ④ 측두엽
⑤ 도엽

▎제1차청각영역은 측두엽의 외측면 상부(41~42영역)이
며, 이곳에서는 음의 고저와 음조 등을 판별한다.

77. 귀에 대한 설명이다. 옳지 않은 것은?

① 측두골 속에 수용되어 있는 청각과 평형각을 감
지하는 기관이다.

② 외이, 중이, 내이로 구분한다.

③ 청각과 평형각의 본체는 내이에 있다.

④ 외이도는 약 2.5cm의 관으로 S자 모양의 만곡을
이룬다.

⑤ 외이도는 피지를 분비하는 커다란 귀지선이 있다.

▌ 외이도의 연골부 피부에는 털과 피지선 그리고 귀지선(이
구선, ceruminous gland)이라는 커다란 한선이 있어 귀지
(cerumen)의 주성분을 분비한다.

78. 중이(middle ear) 속의 압력을 유지시키는 관은?

① 전정기관　　　　② 달팽이관

③ 코르티기관　　　④ 이관

⑤ 외이도

▌ 이관(auditory tube)의 주 기능은 대기압과 중이 속의 압
력을 평형 유지시켜 주는 것으로 음식물을 삼킬 때(약 1/4
초) 열린다.

79. 소리를 듣는 감각세포는 어디에 있는가?

① 유스타키오관　　② 반고리관

③ 코르티기관　　　④ 고막

⑤ 전정기관

▌ 코르티기관은 5종의 세포로 구성되어 있는데, 그중 감각
상피는 세포 외측관 표면에 3~5μm 가량의 미세한 털들
이 달려 있는 유모세포(hair cell)이다.

80. 코르티기관의 유모세포를 덮고 있는 막은?

① 고막　　　　　　② 덮개막

③ 전정막　　　　　④ 기저막

⑤ 라이스너막

▌ 유모세포는 덮개막(tectorial membrane)에 덮여 나열되
어 있다.

연습문제 II

※설명에 알맞은 용어를 왼쪽의 빈칸에 쓰시오.

① _____ : 기저막에 위치하고 와우관 내의 움직임에 의해 자극되는 유모세포를 지닌 청각기관

② _____ : 고막으로부터 진동을 받아 침골로 전달되는 뼈

③ _____ : 다른 소리를 듣는 능력을 감소시키는 소리

④ _____ : 외이도와 와우관 사이의 공기로 가득 찬 공간

⑤ _____ : 배경소음(background noise)에도 어떤 특정한 사람의 음성을 지각할 수 있는 능력

⑥ _____ : 소리 자극을 받아 등골이 움직이면 맨 처음 자극하는 내이의 구조물

⑦ _____ : 외이와 중이의 경계가 되는 구조

⑧ _____ : 내림프액이 잠겨 있으면서 유모세포를 통해 소리를 감지하는 곳

⑨ _____ : 달팽이관에서 저주파음을 감지하는 부위

⑩ _____ : 중이(middle ear) 속의 압력을 유지시키는 관

⑪ _____ : 회전운동에 대한 정보를 제공하는 내이에 있는 감각기관으로 난형낭과 구형낭을 포함함

⑫ _____ : 반고리관, 난형낭, 구형낭을 포함하는 평형감각을 탐지하는 내이의 기관

⑬ _____ : 제2의 고막

⑭ _____ : 고막의 배꼽 위에 붙어 있는 이소골

⑮ _____ : 청각반사의 중추가 위치하는 곳

⑯ _____ : 대화 시 정상 말소리의 강도

⑰ _____ : 사람이 들을 수 있는 가청범위

⑱ _____ : 소리의 물리적 전도기관 손상으로 생기는 난청

해답(Answers)

07 주요 용어 익히기

1. ① 대이륜 ② 고막제 ③ 추골 ④ 고막장근/고막긴장근 ⑤ 미로 ⑥ 전정계 ⑦ 외림프 ⑧ 범구개거근 ⑨ 내유모세포 ⑩ 고실반사/고막반사 ⑪ 전단효과 ⑫ 개막/덮개막 ⑬ 구형낭 ⑭ 외우이식 ⑮ 부동섬모 ⑯ 추골병 ⑰ 상고실 ⑱ 골미로 ⑲ 기본주파수 ⑳ 평형감각

2. ① tympanic membrane/eardrum ② (auditory) ossicles ③ external auditory canal/external auditory meatus ④ round window ⑤ auditory tube/Eustachian canal ⑥ basilar membrane ⑦ vestibule ⑧ auditory center ⑨ semicircular canal ⑩ auditory disorders/auditory impairments ⑪ depolarization ⑫ otolith

7-1

① 이개(auricle) ② 외이도관(extraauditary canal) ③ 고막(tympanic membrane) ④ 이소골(auditory ossicles) ⑤ 난원창(oval window) ⑥ 정원창(round window) ⑦ 전정(vestibule) ⑧ 이관(auditory tube) ⑨ 달팽이관(cochlea) ⑩ 전정와우신경(vestibulocochlea nerve) ⑪ 반규관(semicircular canals)

7-2

① 이륜(helix) ② 주상와(scapha) ③ 대이륜(antihelix) ④ 대이주(antitragus) ⑤ 귓불(lobule) ⑥ 외이도(external acoustic meatus) ⑦ 이주(tragus) ⑧ 귓바퀴(auricle/pinna) ⑨ 삼각와(triangular fossa)

7-3

① 이완부(par flaccida) ② 후추골주름(posterior malleolar fold) ③ 고막제(umbo) ④ 광추(cone of light) ⑤ 추골병(manubrium malleus) ⑥ 전추골주름(anterior malleolar fold) ⑦ 외측추골돌기(lateral malleolar process)

7-4

① 추골(malleus) ② 추골 손잡이(handle of malleus) ③ 등골(stapes) ④ 등골발판(footplate of stapes) ⑤ 침골등골접합부(incudostapedial joint) ⑥ 침골(incus) ⑦ 침골추골접합부(incudomalleolar joint)

7-5

① 추골머리(head of malleus) ② 고삭신경(chorda tympani) ③ 이관(auditory tube) ④ 추골병(manubrirum malleus) ⑤ 안면신경(facial nerve) ⑥ 고삭신경(chorda tympani) ⑦ 상고실함요(epitympanic recess)

7-6

① 고막장근(tensor tympani m.) ② 등골(stapes) ③ 등골근(stapedius m.)

7-7

① 반규관(semicircular canals)   ② 상부관(superior canal)   ③ 반고리관(posterior canal)   ④ 측관(lateral canal)
⑤ 정원창(round window)   ⑥ 와우(cochlea)   ⑦ 첨부(apex)   ⑧ 전정(vestibule)

7-8

① 라이스너막(Eeissner's membrane)   ② 전정계(scala vestibuli)   ③ 덮개막(tectorial membrane)   ④ 혈관조(stria vascularis)   ⑤ 코르티기관(organ of Corti)   ⑥ 기저막(basilar membrane)   ⑦ 고실계(scala tympani)   ⑧ 나선신경절(spiral ganglion)

7-9

① 내모세포(inner hair cell)   ② 덮개막(tectorial membrane)   ③ 섬모(cillia)   ④ 외모세포(outer hair cell)   ⑤ 헨센세포(Hensen's cell)   ⑥ 기저막(basialr membrane)   ⑦ 다이테르세포(Deiter's cell)   ⑧ 구심성 신경섬유(afferent n.)   ⑨ 와우신경(cochlear nerve)

7-10

① 위 그림은 기저막의 주파수 할당 체계를 보여 주고 있다. 기저막은 소리의 주파수에 따라 진동되는 부위가 각기 다르다. 왜냐하면 기저막의 모양을 펼쳤을 때 기저부에서 첨단부로 갈수록 넓어지는 현상 때문이다. 즉, 기저막의 기저부(base) 쪽은 상대적으로 좁고 경직성(stiffness)이 상대적으로 더 크며, 첨부(apex)로 갈수록 넓고 유연하며 경직성이 줄어든다.   ② 인간이 들을 수 있는 최소가청한계인 20Hz는 첨단부의 와우공(helocotrema) 근처에 있고, 최대가청한계인 20,000Hz는 난원창(oval window) 근처의 기저부에 있다. 즉, 높은 피치의 소리는 기저부 근처에서 진동하고, 낮은 피치의 소리는 첨단부 근처에서 최적으로 진동하는 것이다. 이러한 청각감수체계를 토노토픽 체계(tonotopic system)라 한다.

7-11

① 연령에 따라 다르지만 인간은 대략 20~20,000Hz 정도의 소리를 들을 수 있으며, 이를 가청주파수(audible frequency)라 한다. 인간이 겨우 청취할 수 있는 최소 순음의 크기를 0dB SPL이라 할 때 130dB SPL이 되면 통증을 느끼기 시작한다. 가청음에 대해 인간이 들을 수 없는 소리를 초음파(ultrasonic wave)라 하고, 귀에 들리는 소리는 소리 파동의 진동수(즉, 주파수)에 따라 다르다. 1,000Hz의 소리는 0dB도 들을 수 있는 반면에 100Hz의 소리는 적어도 40dB는 되어야 들을 수 있다. 귀는 1,000Hz~3,000Hz 사이의 소리에 대하여 가장 민감하기 때문에 이 영역을 최적진동수(best frequency)라 한다. 회화음역(conversation area)은 보통 200~6,100Hz라고 한다.

7-12

① 음파가 외이도관(external auditory canal)을 따라 고막에 도달한다.

② 고막의 움직임은 이소골(auditory ossicle)의 변위(displacement)을 일으킨다.

③ 난원창(oval window)과 맞닿은 등골(stapes)의 움직임은 전정계의 외림프(perilymph)에 압력파를 생성한다.

④ 압력파는 정원창(round window)으로 향하는 기저막(basilar membrane)을 진동하게 한다.

⑤ 기저막의 진동은 덮개막(tectorial membrane)을 지지하는 유모세포의 진동을 유발시킨다.

⑥ 자극의 부위와 강도에 대한 정보는 와우신경가지(cochlea branch)를 지나 청각중추로 연결된다.

연습문제 해답 I

1. ⑤	2. ②	3. ①	4. ①	5. ③	6. ③	7. ②	8. ④	9. ③	10. ⑤
11. ②	12. ④	13. ⑤	14. ④	15. ③	16. ①	17. ②	18. ③	19. ①	20. ①
21. ③	22. ①	23. ③	24. ⑤	25. ②	26. ①	27. ②	28. ④	29. ④	30. ③
31. ③	32. ①	33. ①	34. ③	35. ②	36. ④	37. ④	38. ①	39. ①	40. ④
41. ②	42. ④	43. ②	44. ②	45. ⑤	46. ④	47. ②	48. ②	49. ③	50. ①
51. ③	52. ①	53. ③	54. ③	55. ④	56. ②	57. ④	58. ②	59. ①	60. ③
61. ③	62. ⑤	63. ①	64. ②	65. ④	66. ③	67. ⑤	68. ②	69. ④	70. ②
71. ①	72. ②	73. ③	74. ①	75. ③	76. ②	77. ④	78. ⑤	79. ②	80. ③

연습문제 해답 II

① 코르티기관(organ of Corti)　② 추골(malleus)　③ 차폐(masking)　④ 중이(middle ear)　⑤ 칵테일파티 효과(cocktail party effect)　⑥ 난원창(oval window)　⑦ 고막(tympanic membrane)　⑧ 기저막(basilar membrane)　⑨ 첨부(apex)　⑩ 이관/유스타키오관(auditory canal/Eustachian tube)　⑪ 이석기관(otolith organ)　⑫ 전정기관(vestibular organ)　⑬ 정원창(round window)　⑭ 추골(malleus)　⑮ 중뇌(midbrain)　⑯ 65dB　⑰ 20~20,000Hz　⑱ 전음성 난청(conductive hearing loss)　⑲ 회화음역(conversation range)

저자 소개

고도흥(高道興**)**, Ph.D., K‒SLP, ASHA Fellow

씰자는 현재 한림대학교 언어청각학부 명예교수로서 미국 University of Georgia(M.A.)와 University of Kansas(M. Phil & Ph.D.)에서 일반언어학(General Linguistics)과 음성과학 (Speech Sciences)을 전공하였으며, 캐나다 University of Toronto에서 강의와 연구를 하였다.

(사)한국음성과학회 회장, (사)한국언어청각임상학회 회장, (사)한국언어재활사협회 이사장, 전국재활치료단체총연합 회 상임대표를 역임하였으며, 미국언어청각협회(ASHA)에 서 석학회원(碩學會員)인 펠로우십(Fellowship)을 수상하였 다. 또한 국제학술지(Clinical Archives of Communication Disorders)의 편집인(Editor-in-Chief)을 역임하였다.

언어기관의 해부와 생리 워크북 ^{2판}
Anatomy and Physiology
for Speech, Language, and Hearing: Workbook (2nd ed.)

2019년 9월 30일 1판 1쇄 발행
2023년 8월 10일 2판 1쇄 발행

지은이 • 고도홍
펴낸이 • 김진환
펴낸곳 • ㈜ 학지사
　　　　　04031 서울특별시 마포구 양화로 15길 20 마인드월드빌딩
대표전화 • 02-330-5114　　팩스 • 02-324-2345
등록번호 • 제313-2006-000265호

홈페이지 • http://www.hakjisa.co.kr
인스타그램 • https://www.instagram.com/hakjisabook/

ISBN 978-89-997-2942-3　93700

정가 15,000원

출판미디어기업 학지사
간호보건의학출판 학지사메디컬 www.hakjisamd.co.kr
심리검사연구소 인싸이트 www.inpsyt.co.kr
학술논문서비스 뉴논문 www.newnonmun.com
교육연수원 카운피아 www.counpia.com